# iChef
Histórias e receitas de um chef conectado

Carlos Bertolazzi

Histórias e receitas de um chef conectado

Copyright 2014 © Carlos Bertolazzi

EDITORES José Carlos de Souza Jr. e Renato C. Guazzelli
COORDENAÇÃO EDITORIAL Luciana Paixão
PREPARAÇÃO Dyda Bessana
REVISÃO Rinaldo Milesi
Vanessa Brunchport
PROJETO GRÁFICO Ana Dobón

CIP-BRASIL. CATALOGAÇÃO NA PUBLICAÇÃO

B462i

Bertolazzi, Carlos, 1970
Ichef: histórias e receitas de um chef conectado / Carlos Bertolazzi; coordenação Luciana Paixão. - 1. ed. - São Paulo: Tapioca, 2014.
224 p.

Inclui índice
ISBN 978-85-67362-02-1

1. Culinária. 2. Gastronomia I. Paixão, Luciana. II. Título.

14-11031
CDD: 641.5
CDU: 641.5

2014
Todos os direitos desta edição reservados à
Pioneira Editorial Ltda.
Av. Rouxinol, 84 – cj. 114
04516-000 São Paulo – Brasil
Tel. 55 (11) 5041-8741
contato@edicoestapioca.com.br
www.edicoestapioca.com.br

# Sumário

| | |
|---|---|
| A Rita | 9 |
| Resumo | 10 |
| Terno e Gravata | 12 |
| Cozinha, shabu-shabu e rock'n'roll | 15 |
| Reviravoltas | 19 |
| Na cozinha | 21 |
| De grão em grão | 27 |
| Análise | 29 |
| Itália | 33 |
| CDF | 38 |
| É ferro | 40 |
| Experiências | 41 |
| Polícia | 43 |
| Cracco | 45 |
| Flipot | 48 |
| Estagiário de luxo | 51 |
| Offline | 59 |
| Perrengue | 60 |
| Mais do que um ovo | 63 |
| O concurso | 64 |
| Boia faus! | 65 |
| Ferrari | 68 |
| Gnocchi | 70 |
| Foi gol? | 71 |
| Dica para a vida inteira | 73 |
| Convidados ilustres | 74 |
| Feinhos, mas gostosos | 75 |
| Caldo de carne | 78 |
| É mole? | 79 |
| O retorno | 81 |
| O concurso – Parte 2 | 85 |
| New York, New York! | 89 |
| O frango e a polenta | 91 |
| Me dá um estágio? | 94 |
| Old friends | 96 |
| Falai | 98 |
| O concurso – Parte 3 | 102 |
| Dona Vera | 103 |
| Cozinha sem segredos | 104 |
| O segundo retorno | 106 |
| Dúvida cruel | 108 |
| O melhor restaurante do mundo | 110 |
| Constelação | 111 |
| É nozes | 112 |
| Quemo, quemo | 114 |
| Jogos mortais | 115 |
| O incrível devorador de alhos | 116 |
| Você sabe o que é caviar? | 118 |
| Haja pecado | 120 |
| Casamento virtual | 122 |
| Rafa's | 126 |
| Raspa do tacho | 129 |
| Usina de criação | 132 |
| Arriva brasiliano | 135 |
| As maçãzinhas | 138 |
| Dolci | 142 |
| Em casa | 146 |
| O bom filho | 149 |
| Primeira parceria | 152 |
| Alho negro | 155 |
| Começa o Zena | 158 |
| Cappon magro | 160 |
| Abrem-se as cortinas | 164 |
| Felipe | 166 |
| Lei de Murphy | 168 |
| Dia 29, Dia de Gnocchi | 174 |
| Homens gourmet | 178 |
| Primeira temporada | 182 |
| Spritz | 184 |
| FOC@CCI@ | 185 |
| Segunda temporada | 187 |
| Presepadas | 189 |
| A primeira vez a gente não esquece | 191 |
| Se vira nos 30 | 194 |
| Leave the cupcake, take the cannoli | 197 |
| Rodinha nos pés | 201 |
| Terceira temporada | 203 |
| Bastidores | 204 |
| Spago | 206 |
| Per Paolo | 208 |
| Arrobas a rodo | 210 |
| "Agora é Tarde" | 213 |
| #CSM | 215 |
| Rolezinho | 217 |
| Ana Maria Brogui | 221 |
| Premiação | 222 |
| A conta, por favor! | 223 |

# Receitas

Penne alla Vodca com Salmão Defumado e Caviar.................................. 18
Mignon com Molho de Tamarindo e Mil-folhas de Batata..................... 23
Arroz de Pato.................................................................................................. 25
Costoletta de Vitello alla Milanese............................................................. 37
Spaghetti com Bottarga e Molicata............................................................. 44
Insalata Russa................................................................................................. 47
Agnolotti di Magro........................................................................................ 55
Sformato di Fiori di Lavanda....................................................................... 57
Tortino de Topinambur................................................................................. 66
Brutti ma Buoni.............................................................................................. 77
Brasato al Vino Rosso.................................................................................... 84
Ravioli de Polenta com Pato Recheado e Figo......................................... 86
Polenta Cremosa com Cogumelos Trufados............................................ 92
Suflê de Maracujá.........................................................................................100
Coq au Vin......................................................................................................124
Risotto do Rafa..............................................................................................128
Salsa Romesco...............................................................................................131
Sorbet de Framboesa com Wasabi.............................................................134
Magret de Pato ao Calvados com Creme de Batata, Maçã Verde
    e Radicchio................................................................................................139
Panna Cotta....................................................................................................143
Bonet................................................................................................................144
Merengue de Fruta-do-Conde....................................................................150
Spaghetti al Triplo Aglio.............................................................................157
Cappon Magro...............................................................................................162
Pasta alla Salsa di Noci................................................................................170
Pesto Genovese.............................................................................................171
Lasagna con Tocco di Funzi........................................................................173
Gnocchi Zena.................................................................................................176
Parmegiana de Berinjela..............................................................................181
Spaghetti alla Carbonara.............................................................................193
Creme de Abóbora........................................................................................195
Cannoli Siciliani............................................................................................199
Lamb Meatballs Spaghetti..........................................................................207
Polpettone Per Paolo....................................................................................209
Buraco Quente..............................................................................................219
Zigoto de Natal.............................................................................................220

A Vera, minha mãe, e a Fabiana, minha mulher.

## A RITA

**Ritalina. Isso, vocês leram direito.** Não é Rita Lee, não. É ritalina. Ri-ta-li-na. Esse era o nome do remédio usado para transtorno do déficit de atenção e hiperatividade que meu analista queria que eu levasse para a Itália.

"Não precisa se preocupar, é só por precaução", recomendava o doutor. Era para eu levar, mas não era para tomar, porque, no fundo, ele achava que eu não tinha déficit de atenção. Desconfiava, apenas desconfiava um pouquinho, que eu não tinha nenhum distúrbio psicológico grave, achava só que eu não tinha interesse pelas coisas que estava fazendo na minha vida na época. Em parte, ele estava certo. Não, pura mentira, não vou me enganar nem enganar vocês. Ele estava totalmente certo. Nessa época, eu não tinha interesse por absolutamente nada que estava rolando na minha vida.

**Aí, você me pergunta:** E o que isso tem a ver com cozinha? Na minha vida, tudo. Mas vamos com calma que já explico.

Minha carreira gastronômica começou de verdade em outubro de 2005, quando fui para a Itália e por lá fiquei seis meses. Primeiro fui estudar, cursar o ICIF (Italian Culinary Institute for Foreigners) – escola de gastronomia italiana para estrangeiros, o módulo master, que durava dois meses, e depois faria mais quatro de estágio. Isso aconteceu nos últimos três meses de 2005 e nos três primeiros de 2006.

Fiquei em Costigliole d'Asti, onde se localiza a escola, e depois em uma cidadezinha pequena chamada Torre Pellice, onde fiz estágio em um restaurante duas estrelas *Michelin*, o Flipot.

Após esse período, voltei para o Brasil e trabalhei no buffet da minha mãe, o C.U.C.I.N.A. Em setembro de 2006, me mandei para Nova York e fiquei por lá um mês e duas semanas.

Em setembro de 2007, parti rumo ao El Bulli, em Roses, perto de Barcelona, na Catalunha. Era nada mais, nada menos, que o restaurante número 1 do mundo naquela época. Fiquei um mês lá e embarquei, em seguida, para a Itália, para o Piazza Duomo, em Alba, onde trabalhei por mais um mês. Daí, voltei de vez para o Brasil.

Em outubro de 2008, fechei o contrato do Zena, que abriu em janeiro de 2009. Depois, vieram o Spago e o Per Paolo. No meio disso tudo, comecei a trabalhar também na tevê, no programa "Homens Gourmet". E hoje estou aqui, tentando contar essa história para vocês.

Não entendeu nada? Parece muito enrolado? Eu sei, não culpo vocês, é enrolado mesmo, pois até para resumir a história em um capitulozinho é difícil para mim. Mas vou tentar, como se fizesse um menu degustação, pois cada partezinha tem ligação com a outra, que se liga à outra, e que se liga à outra, como é tudo nesta vida.

## TERNO E GRAVATA

**Vamos começar por 2001,** quando eu, formado em administração de empresas pela Fundação Armando Álvares Penteado (FAAP), tradicional faculdade paulistana no bairro de Higienópolis, estava ligado até os ossos ao mercado financeiro, mas não aguentava mais aquilo, aquela rotina, aquele terno alinhadinho, aquela gravata de seda que não podia amassar, aquele sapato engraxadinho... Aaaaarrrrggghhhh!

Saí do banco no qual trabalhava confortavelmente; tinha um puta cargo, um puta salário, mas para mim era o momento de encerrar aquela história ali.

Assumo e não me envergonho de que foi nessa época que realmente começou meu vício em internet, eu tinha aquele vírus dentro de mim. É, sou um homem conectado, e, como vocês vão ver, isso foi essencial para que eu alcançasse alguns objetivos na vida.

Fui, então, tentar ganhar a vida nesse novo ambiente que surgia no mercado, pois, quando estava no banco, ficava mesmo a maior parte do meu tempo disponível, e indisponível, na internet... Falei: "Gente, é melhor eu ir trabalhar com alguma coisa ligada a isso, que pelo menos eu tenha prazer". Quer dizer, o prazer eu já tinha, pena que essa paixão não estava me remunerando adequadamente.

Participei – direta ou indiretamente – de todo aquele primeiro momento da bolha da tecnologia, quando o Zaz virou Terra, quando a cada dia surgiam mil sites revolucionários, com mil ideias diferentes, e todo mundo ia ficar rico com aquilo. Estava morando no Rio de Janeiro, quer dizer, ficava meio tempo no Rio, meio em São Paulo, já que a empresa ficava lá. No meio dessa correria toda, em fevereiro de 2002, sofri um grande baque: perdi minha irmã em um acidente de carro.

A Patrícia tinha quatro anos a menos que eu, era minha companheira de aventuras e com quem eu trocava experiências típicas de adolescentes, com todas as descobertas, alegrias e decepções inerentes desse período na vida de qualquer ser humano. Minha mãe, Vera, tinha aberto um restaurante – o Antica Masseria – em Juquehy, uma praia em São Sebastião, no litoral norte de São Paulo. A Patrícia estava indo para lá quando aconteceu o acidente, que marcou profundamente a vida de todos nós.

Paralelamente a essa perda pessoal, profissionalmente, pouco tempo depois, todos aqueles sites maravilhosos que revolucionariam o mundo estavam fechando, falindo ou sendo vendidos para corporações maiores. Eis que apareceu uma proposta de venda do site que eu tinha com meus sócios, ligado a e-commerce. Era uma ferramenta de lista de presentes e até que estávamos bem em um mercado tão instável, prestando serviço para a Americanas, para a Saraiva e dentro de alguns outros sites... Aí a gente foi comprado pelo Bondfaro, que depois foi adquirido pelo Buscapé.

Em 2003, após todas essas mudanças repentinas em âmbito pessoal e profissional, acabei voltando para São Paulo de vez. Foi quando tentei, meio que sem sucesso, retornar para o mercado financeiro, mas caí na real e fiz a grande descoberta: as pessoas não tinham muito prazer em fazer negócio comigo. E, quer saber, tinham toda a razão, afinal, eu mesmo me sentia chato! Eu me sentia incomodando demais com aquela conversinha chata que nem eu comprava.

Ao mesmo tempo, eu fazia muitos jantares, que eram justamente para chamar a atenção desses pretensos futuros clientes. Dizia: "Vem jantar em casa, comer alguma coisa, daí a gente discute melhor esse assunto...". Fazia todo aquele *mise en scène* e percebi uma coisa interessante: o cliente estava mais interessado no rango do que no que eu tinha para dizer. E hoje, analisando friamente, tenho de dar razão a eles.

> **COZINHA, SHABU-SHABU E ROCK'N'ROLL**

**Algumas páginas atrás,** disse que minha carreira gastronômica começou em 2005. É verdade, assim como também é verdade que a comida me acompanha desde que me conheço por gente. Ou antes até, vai ver eu tomava molho ao sugo na mamadeira. Ou um pouquinho de vinho para relaxar. É brincadeira...

O meu avô materno, seu Antonio, marido da dona Luiza, responsável pelo "da Silva" no meu sobrenome é português da Bairrada, foi o fundador de uma empresa do ramo alimentício, lá pelos idos de 1970. Passei a infância inteira com a minha avó. Era uma junção portuguesa, por parte da minha mãe, com a italiana, do meu pai. Minha avó cozinhava muito, fazia pratos experimentais, escrevia livrinhos de receitas, tinha realmente o dom para a coisa. Ou seja, como disse antes, eu tinha essa queda por comida na família.

Do outro lado, da parte dos Bertolazzi, meu pai tinha se separado da minha mãe lá pelo final da década de 1970 e começou a desenvolver novos talentos, tanto na culinária quanto na música – vai ver ele havia entrado naquele momento em que um homem dá inicio a uma fase de novas conquistas!

Seu Alberto é um figurão, italianão, com aquele violão para cima e para baixo... Ele tocava muito bem, tanto que até hoje sei todos os sucessos do Peppino di Capri, do Sérgio Endrigo...

Cantava os clássicos, sempre tocava "Champagne". Ele desenvolveu esse lado artístico com o Tabajara, com quem eu depois também tive aulas, comecei a fazer violão com dez, doze anos. Toco violão, guitarra, tive algumas bandas na adolescência... A experiência mais recente, se podemos chamá-la assim, foi com o "Los Cannoli", um grupo formado por mim, pelo Fabio Barbosa, do La Mar, pelo Guga Rocha, do "Homens Gourmet", e pelo confeiteiro Flavio Federico. Ah, já ia me esquecendo: contávamos ainda com a presença do Caio, nosso estimado baixista, mas, como ele ainda estava aprendendo, digamos que nossa cozinha não estava bem azeitada.

Fizemos tanto sucesso nessa empreitada que decidimos mudar o nome da banda para "Paralelas", já que nunca nos encontrávamos. Ensaiamos umas cinco vezes na vida e olhe lá... E nunca com a formação completa. A pegada era rock, uns AC/DC, algumas coisas do Kiss, até Twisted Sister.

Voltando à minha infância, quando estava com uns nove anos, sempre que ia para a casa do meu pai era aquele ritual da mesa grandona, com o prato que ele fazia com todo o carinho, bem caprichado para mim e para a Patricia, já que a Pietra, minha outra irmã, só veio depois, em 1986. Uma de suas criações que eu mais adorava era uma versão sofisticada do Penne alla Vodca, na qual ele acrescentava salmão defumado e caviar. Além disso, tinha a "quarta-feira do pai", que era quando íamos comer fora com ele, e, em um fim de semana sim, outro não, também ficávamos sob seus cuidados. Posso dizer com todas as letras que aquilo para mim era uma imensa festa!

Foram experiências gastronômicas absurdas para um garotinho da minha idade: era cozinha assim, era cozinha assada, era cozinha coreana, japonesa, chinesa... Vejam só que loucura: a gente ia à Liberdade – um bairro tipicamente oriental de São Paulo – em uma época que nem existia muito sushi na cidade. Temakeria? Nem pensar! Íamos ao Suntory, que era o maior restaurante japonês da época, aquele bem tradicionalzão, que parecia uma casa do Japão mesmo. O forte deles nem era sushi, eram aquelas mesas em que os caras ficam fazendo teppanyaki – grelha abrobrinha, grelha tudo a que se tem direito, joga para cima... E ficava bom, muito bom mesmo, lembro-me do cheiro e do gosto até hoje. Havia aquelas salinhas nas quais comíamos, onde eram servidos bem mais shabu-shabus e sukiyakis do que qualquer outra coisa. A gente ia a restaurante indiano, a restaurantes de todos os tipos, de todas as etnias, influências e tendências que vocês possam imaginar.

Comíamos no Massimo, que era perto do escritório em que meu pai trabalhava e ele era muito amigo do Massimo Ferrari, que posso considerar um dos meus padrinhos de carreira, pois, quando fui mudar definitivamente minha carreira para a gastronomia, foi com ele quem tive um bom papo. É, ele é um dos culpados.

Eu já tinha um paladar bem diferenciado e acho que isso ajuda muito na formação de um chef, toda essa abertura para novas experiências. Foi hiperválido ter acostumado o meu paladar a coisas diferentes desde pequeno. Na época, pode ter sido apenas uma brincadeira de menino que saía para passear com o pai, mas hoje me dou conta de como aquilo foi importante para minha formação. Eu nem imaginava que um dia viraria minha profissão.

Carlos Bertolazzi

## Penne alla Vodca com Salmão Defumado e Caviar

1 cebola pequena
1 dente de alho
1 lata de tomate pelado italiano
1 xícara de creme de leite fresco
½ xícara de vodca
2 xícaras de salmão defumado em lascas
2 colheres (sopa) de ovas de capelin preta
2 colheres (sopa) de azeite
sal e pimenta-do-reino a gosto
salsinha picada a gosto

**Preparo**

Refogue em uma frigideira a cebola e o alho bem picados com o azeite. Acrescente o tomate pelado bem picado com seu molho e deixe cozinhar por cerca de 5 minutos. Acrescente a vodca e cozinhe até que o álcool evapore. Acrescente o creme de leite e misture bem. Deixe reduzir um pouco. Tempere com o sal e a pimenta. Cozinhe a massa em água abundante e salgada até que esteja al dente. Escorra e misture ao molho. Adicione as lascas de salmão defumado e a salsinha. Ao servir, coroe a massa com as ovas de capelin.

## REVIRAVOLTAS

**Nasci no Alto da Lapa, na rua Tomé de Souza.** Na infância ainda, mudei para a rua Caconde, e depois para a rua Padre João Manuel. Paulistaninho nato, na veia, da melhor estirpe. Nasci na Pró-Matre, bem perto da avenida Paulista. Estudei na Escola Morumbi, fui da primeira turma do Miguel de Cervantes, de onde fui convidado a me retirar – pois já havia repetido a quinta série e ia bombar de novo. Assumo que foi por pura vagabundagem, não foi por bagunça não, pois eu não era baderneiro, era preguiçoso mesmo.

Após esse breve e constrangedor episódio, fui para o Lourenço Castanho, depois ainda estudei no Porto Seguro. Entrei em engenharia civil no Mackenzie, outra universidade tradicionalíssima em São Paulo, onde fiquei um semestre, larguei, e, finalmente, fui fazer administração na FAAP, na qual me formei em 1995.

Já estava trabalhando no Banco Votorantim. Entrei como estagiário e saí quase como diretor, isso tudo em seis anos. Trabalhava na área comercial, aquele lance mais corporativo, atendia às empresas do grupo. Só fui sair de São Paulo quando saí do banco, já era casado, estava tudo certinho...

Casei em 1999 com o amor do colégio, aquela coisa romântica, de conto de fadas... Aí, vem a pergunta: de qual colégio, né? Já que foram tantos... Foi do Porto Seguro.

Comecei a namorar em 1988. Acabei me saparando em 2001, pouco antes do acidente da minha irmã (me separei em dezembro, o acidente foi em fevereiro).

Separo, saio do banco, mudo de cidade, vem o acidente... Enfim, não diria que as coisas estavam às mil maravilhas. Muito pelo contrário.

## NA COZINHA

**Um lado da minha vida era glamour puro,** a sensação que eu tinha era de que não precisaria trabalhar nunca na vida. Imagina, meu avô era dono de uma empresa alimentícia, meu pai era presidente de banco... Mas daí, como num passe de mágica, degringolou tudo.

Meu avô vendeu a empresa em 1982, montou alguns negócios que não deram certo, abriu outras indústrias lá no Sul, em Pelotas... Meu pai saiu do banco, comprou uma empresa mais quebrada do que arroz de terceira em Blumenau, era aquela época do Collor, 1990 por aí...

A gente sempre teve também uma ligação com o Jockey, minha mãe trabalhava na diretoria social e começou a se envolver muito em leilão de cavalos, não só aqui como no interior de São Paulo. Aí ela começou a fazer essa parte de catering. Primeiro, no SP GRILL, no bairro do Itaim Bibi, onde, inclusive, o Alex Atala depois montou um restaurante que se chamava 72, bem antes de ele pensar em fundar o D.O.M. Minha mãe que organizava os churrascos do SP GRILL.

Em 1996, minha mãe abriu o buffet, o C.U.C.I.N.A. – eu que dei esse nome. Começou dentro de casa mesmo, eu acompanhava tudo de pertinho, e a equipe de trabalho que começou com minha mãe era enorme: a menina que trabalhava como cozinheira em casa e o caseiro, que virou o faz-tudo.

Após vender a empresa de internet, eu estava naquela fase do "não saber o que fazer", tentando voltar ao mercado, vendendo uns fundos de investimento, só ganhando comissão, não tinha salário fixo... Imagina você depender de comissão de um negócio que você não tem prazer de vender... Difícil, né? Uma coisa é depender de comissão de algo que você chega e diz: "Cara, isso aqui é demais, é animal, muito bom. Eu chegava e dizia: "Quer? Ah, não quer... Tudo bem, relaxa..."

Estava morando com minha mãe em um loft e dormia no pé da cama dela. Uma vez dormi na cama com minha mãe; de repente, ela acorda e eu estava com a mão na sua perna. Ela disse: "Filho, o que é isso?". Eu respondi: "Meu Deus!". Foi o auge da deprê.

Para ganhar qualquer coisinha, comecei a fazer uns bicos no buffet, ia cozinhar de uma vez por todas. Minha mãe me mandava para eventos para poder me pagar alguma coisa. Ganhava oitenta, cem reais por evento, sem choro, igual a todo o mundo. Nessa época, servíamos muito filé-mignon, era incrível, mas as pessoas em eventos só pediam filé-mignon, ninguém queria saber de outra coisa! Tinha também o arroz de pato, que fiz muito, nessa época. O merengue de fruta-do-conde...

**Mignon com Molho de Tamarindo e Mil-folhas de Batata**

### Carne

1 peça de filé-mignon limpa
2 colheres (sopa) de azeite extravirgem
sal e pimenta a gosto
⅓ xícara de pasta de tamarindo
1 ½ xícara de caldo de carne
¼ xícara de vinagre de vinho tinto
3 colheres (sopa) de açúcar mascavo
2 dentes de alho picados
1 colher (sopa) de gengibre ralado

### Mil-folhas de batata

4 batatas
1 xícara de manteiga
1 xícara de parmesão ralado
sal e pimenta

## PREPARO

### Para a carne

Numa panela, aqueça o vinagre com o açúcar mascavo, em fogo médio, até reduzir pela metade. Abaixe o fogo e coloque o caldo de carne aquecido em um micro-ondas. Adicione a pasta de tamarindo, o alho e o gengibre. Deixe reduzir um pouco, coe e reserve.

Em uma frigideira, aqueça o azeite. Sele a carne de todos os lados mantendo seu interior malpassado. Tempere com sal e pimenta. Corte em fatias grossas.

### Para o mil-folhas de batata

Descasque e corte a batata em rodelas bem finas. Coloque numa peneira e deixe a água correr para tirar o máximo de amido. Enxugue. Em uma forma redonda pequena, coloque manteiga derretida no fundo e inicie a montagem das camadas alternando as batatas pinceladas com manteiga com o queijo. Cubra com papel-manteiga e leve ao forno alto até que estejam bem cozidas. Desenforme, porcione e sirva com a carne e o molho.

# Arroz de Pato

## Pato

1 pato inteiro de aproximadamente 2 quilos
1 garrafa de vinho tinto seco
2 cenouras
1 cebola
2 talos de salsão
2 folhas de louro
10 grãos de pimenta-preta
2 dentes de alho picados
1 colher (sopa) de gengibre ralado

## Arroz

2 dentes de alho
1 ¼ de xícara de arroz parboilizado
4 xícaras de caldo do pato
sal e pimenta a gosto
1 maço de salsa lisa
2 paios
12 tomates-cereja
azeite extravirgem a gosto
1 ramo de alecrim

Carlos Bertolazzi

## PREPARO

### Para o pato

Corte o pato em pedaços, separando também a coxa da sobrecoxa e deixe marinar por uma noite no vinho com a cenoura, a cebola, o salsão – cortados em cubos –, o louro e os grãos de pimenta. Retire o pato e coe o vinho, separando os legumes. Reserve.

Em uma caçarola grande, doure o pato com um pouco de óleo. Retire-o. Elimine o excesso de gordura da caçarola e doure os legumes da marinada que estavam reservados. Retorne o pato à caçarola e adicione o vinho. Complete com água fria até encobrir o pato. Deixe-o ferver, abaixe o fogo e cozinhe-o por cerca de duas horas, com a caçarola semitampada. Depois desse período, retire o pato, resfrie-o e desfie a carne, eliminando os ossos. Coe o caldo que restou na caçarola e reserve.

### Para o arroz

Refogue o alho picado em uma panela e adicione o arroz.

Coloque o caldo de pato fervendo e cozinhe-o por cerca de 20 minutos. Em uma frigideira, doure o paio cortado em julienne (tirinhas). Coloque os tomates, o azeite e o alecrim em uma assadeira e ponha-os no forno a cerca de 120 graus. Quando o arroz estiver pronto, adicione o pato e regue-o com um pouco de caldo. Acrescente a salsinha e ajuste o sal e a pimenta. Sirva com o paio e os tomates confitados.

## DE GRÃO EM GRÃO

**O negócio era bastante eclético:** desde eventos para mil pessoas até jantares para doze convidados. Meu portfólio era limitado, eu não mexia muito no que não dominava, era peão, fazia o que tinha de fazer.

"Vai para evento tal." Eu ia e ganhava meus cem reais. "Vai para outro evento." Ia e ganhava mais cem reais. No fim do mês, ela vinha com a planilhinha e via quantos eventos eu tinha feito. Dava mil, mil e duzentos reais por mês...

Eu já estava me sentindo trabalhando de novo e cada vez mais fui me envolvendo com esse negócio de eventos. Fiquei nessa; paralelamente como autônomo ia vendendo meus fundos de investimentos, que eram uma proposta de aplicação que estava pegando aqui no Brasil. Ia para o Sul constantemente, cheguei a morar em Blumenau e em Florianópolis, no Canto da Lagoa, para vender esses fundos de investimentos, mas sempre voltava para ajudar nos eventos.

Aproveitava e fazia jantares lá no Sul, por puro prazer e até para exercitar um pouco esse lado. E, no meio desses jantares, falava dos fundos. Comecei a cursar umas das primeiras turmas de gastronomia, na Universidade Regional de Blumenau (FURB), mas era mais para preencher minhas noites na cidade. Como acabei não ficando muito tempo por lá, larguei o curso.

Apesar de todas essas idas e vindas, nunca tive uma ruptura com o buffet, que entrou na minha vida em 2003 e foi até 2009, meados de 2010, quando começou o Zena; daí realmente eu não conseguia dar mais conta das duas frentes. Durante todas as minhas viagens à Itália, sempre retornei ao buffet para dar uma força.

Em 2004, quando mais uma vez voltei "definitivamente" para São Paulo e para o buffet, houve uma grande mudança na minha vida financeira: comecei a ganhar salário de verdade, mais comissões! Só que, para justificar meu salário na cozinha, eu tinha que começar a trabalhar na parte de criação, buscar coisas novas, aí comecei a sentir falta de repertório por não ter experiência em outras cozinhas e tomei uma resolução: vou estudar! Mas, para chegar a essa decisão, precisei da ajuda da análise.

## ANÁLISE

**Em 2003, procurei a análise pela primeira vez,** pois estava com um pé em cada barco. Comecei com um psiquiatra quando estava em Florianópolis; ele se chamava Guilherme e era um dos meus melhores amigos. O cara era muito bom, não me deixava perguntar muito sobre ele, o foco era sempre e exclusivamente eu. Percebi mais tarde que, quando você fica sabendo muito da pessoa, você começa a questionar quem está te questionando. As coisas das quais senti mais falta quando voltei de Floripa foram as sessões de massagem, feita por uma japonesa fera, e as de análise.

Para complicar só mais um pouquinho, eu estava saindo de novo de um relacionamento, que começara praticamente com a morte da minha irmã. Coincidentemente, tinha lido em uma reportagem na época que mudança de cidade, de emprego, perda de familiar muito próximo e fim de casamento eram as piores coisas na vida de alguém. E eu vivi as quatro juntas no começo dos anos 2000! Não tinha jeito, eu precisava mesmo me tratar.

Eu estava com essa namorada, mas, naquela época, reconheço que eu era uma verdadeira furada. Até que ela percebeu. "Tem 33 anos, não sabe o que quer da vida..." E eu tinha de dar razão a ela.

Já em São Paulo, decretei: "Não dá mais, me sinto chato". Aquela angústia estava fazendo mal para o meu ego, eu estava me afastando de amigos, de pessoas com quem eu saía... Aquela depressão me afastava, enquanto a cozinha me aproximava das pessoas.

E, sem perceber, essa nova rotina já era uma terapia, pois, para cozinhar em casa, você dedica praticamente seu dia inteiro para aquilo.

Em São Paulo, procurei um novo psicólogo. Na primeira tentativa, não consegui passar da primeira sessão. Cheguei ao consultório e ela estava totalmente vestida de abóbora, dos pés à cabeça, dos sapatos aos brincos... Fiquei chocado. Começamos a bater um papo: a mulher falou que eu parecia um transatlântico com um pequeno buraco que estava afundando e não sabia onde estava o furo. Pensei: "Meu Deus do céu, socorro, não precisava vir aqui para essa mulher dizer isso".

Com o outro que procurei passei algumas sessões a mais, até eu perceber que, talvez, ele tivesse mais questionamentos sobre o que queria fazer da vida do que eu mesmo. Aí é que senti o baque: enquanto o meu analista de Florianópolis não falava nada sobre ele, esse falava tudo da sua vida pessoal, a ponto de me contar que psicologia era a quinta carreira que ele tentava!

Não vou negar que o cara me incentivou a ir para a Itália, mas senti que o "vai" dele, era um "vai" de quem já tinha mudado inúmeras vezes e não estava nem aí. Fiquei tenso, porque, apesar de ser o que eu queria ouvir, o "vai" daquele cara era tão louco quanto o meu. Eu não queria mudar de vida várias vezes como ele, eu queria achar a solução definitiva. Eu estava me perguntando o que fazer da vida, para que lado eu deveria ir.

Enquanto eu fazia análise com ele, comecei a pesquisar quais os cursos que poderia fazer lá fora. Nessa época, um chef que estava bombando aqui no Brasil era o Mauro Maia, do restaurante Supra, de gastronomia italiana. Eu li uma reportagem sobre ele e aí é que tomei conhecimento do ICIF. Fui com meu pai jantar lá, bater um papo com ele. Foi inspirador, pois o Mauro tinha uma carreira de sucesso. Tinha estudado no ICIF. Um cara da indústria química que optara pela gastronomia também já mais velho, era executivo, largou tudo... A gente se espelha em um *case* de sucesso. Se ele conseguiu, vamos lá! Foi uma referência muito forte. Estava decidido. A cozinha italiana era a minha história, e eu tinha facilidade com o idioma. Se não era fluente, ao menos falava e entendia alguma coisa. Tudo por causa das músicas do Peppino di Capri.

Fui procurar mais um psiquiatra, eu queria uns remedinhos para poder viajar. Tive uma consulta de meia hora, quarenta minutos, e saí de lá com três receitas: paroxetina, um antidepressivo; alprazolam, contra distúrbios de ansiedade; e a ritalina, que é o meltifenidato, usado para transtorno do déficit de atenção e hiperatividade.

Ele disse para eu levar a ritalina, mas para não tomar, porque ele achava que eu não tinha déficit de atenção, eu só não tinha interesse pelas coisas que estava fazendo aqui. Na Itália, por ir trabalhar com alguma coisa que para ele causava uma certa vibração em mim quando eu falava a respeito, ele achava que eu não precisaria.

A paroxetina teve um efeito muito interessante porque uma das suas contraindicações é a diminuição da libido, tanto que é recomendada em doses menores para casos de ejaculação precoce. Imagine eu, seis meses, praticamente celibatário. Não tinha outro jeito: tinha que ficar focado no curso.

Mas eu estava amando, era um mundo no qual eu ficaria para sempre.

## ITÁLIA

**Fui no comecinho de outubro de 2005.** Era uma turma de sete brasileiros e um mexicano que falava italiano, e ninguém se conhecia. Nossas aulas eram todas em italiano com uma tradutora para o português. Quem mais vai para lá são os brasileiros, depois vêm os coreanos, os japoneses, os americanos... É uma escola exclusiva para estrangeiros que querem aprender a culinária italiana.

Eu era o tio, uma vez que todos os outros eram recém-formados das universidades daqui e pouco tinham trabalhado no mercado. "Acabei de estudar, não vou trabalhar ainda, vou para a Itália estudar." A maioria era assim. Eu com 35 anos, eles com vinte e poucos anos... Era essa a minha turma.

Emanuele, o mexicano, era um pouco mais velho e já tinha alguma experiência com entretenimento, essas coisas tipo Club Med; trabalhara numas praias do México e agora queria entrar para a gastronomia.

O ICIF foi fundado em 1991, não tem fins lucrativos, e foi criado apenas para divulgar a culinária da Itália. Fica no Piemonte. Eu gostava muito dessa ideia, pois é uma das minhas cozinhas preferidas na Itália. A gente chegou a Milão, pegou um micro-ônibus de translado do ICIF e foi embora para o castelo. Sim, a escola fica em um castelo medieval construído há cerca de mil anos! É lindo, no alto de uma pequena colina da região de Monferrato, famosa pela produção de vinhos Moscato e Barbera, circundado por muito verde e por casinhas tipicamente italianas. Por dentro, porém, com suas instalações modernas e com uma enoteca, você nem nota que está em um castelo, é só a fachada, literalmente falando.

Tínhamos aula com dois professores, o Piero e o Marello, e havia ainda o Gianni, que era o sommelier e fez um módulo de vinhos para a gente, morava em uma casa que era da escola mesmo e que ficava a uns 700 metros do castelo.

Era começo do inverno e o clima ainda estava ótimo. A gente ia ficar dois meses na escola e, no começo, eram 700 metros caminhando. Depois, com o inverno ficando cada vez mais rigoroso, essa distância passou a ser de 700 metros de rali na neve, com uma ladeira enoooorme.

Chegamos e já teve um jantar, foi fantástico, a comida que a gente comia lá era sempre muito, muito boa, preparada pelos chefs da própria escola.

Com a gente, tinha uma turma de americanos, que chegou uma semana depois e deu mais vida à escola. A gente fazia as aulas em separado, mas a convivência no almoço e no jantar era com todos juntos.

As aulas eram das oito ao meio-dia, daí tinha o almoço, dávamos um tempinho e depois as aulas recomeçavam e iam até o fim da tarde, umas seis, sete horas da noite. Jantávamos por lá mesmo, tinha até vinho, duas garrafas por mesa, e íamos embora.

Fazíamos o serviço também. Tivemos uma aula de sala, de como levar o prato, de como tirar o prato, como arrumar a mesa, colocar a toalha, tirar a toalha, pôr para lavar... Eram os alunos que faziam isso também. É uma parte importante do treinamento, pois ajuda em muita coisa, em como administrar o salão, principalmente para quem sonha em ter um restaurante depois. Até hoje sei como carregar três pratos na mão. Ou sete taças de vinho de uma só vez.

Além da comida do Piemonte em si, fazíamos comida da Itália inteira, tanto da cozinha tradicional quanto da cozinha criativa, o que dá uma noção melhor de como trabalhar com a apresentação dos pratos. Havia dois tipos de sala: uma com bancadas individuais, com 24 postos, e outras com uma bancada só, tipo um auditório para cinquenta pessoas, onde os professores faziam as receitas, daí tirávamos fotos de como ficavam os pratos para reproduzi-los depois.

Nas bancadas individuais, você tinha de preparar os pratos em um determinado tempo, e os professores experimentavam a comida de todos os alunos. Eles olhavam o prato, diziam se estava com muito ou pouco sal, se precisava de mais cozimento, se o ragu estava bom... Cada prato que a gente fazia era como se fosse uma provinha. Tinha uma parte teórica, mas a maioria das aulas era muito na prática. Cada um ficava na sua estação e tinha de cuidar das suas facas, das tábuas, das panelas, todo dia você tinha de cuidar do seu lugar.

Havia também as aulas especiais: uma de azeite, na qual você aprendia as diferenças entre os óleos, uma de queijos, quando você ficava sabendo de todo o processo de fabricação do queijo, de leite cru, de leite cozido, pasta dura, pasta mole... O que mais me chamou a atenção naquele primeiro momento foi a qualidade dos produtos. Por exemplo, a "costoletta di vitello alla milanese". Lá se usa muito a carne de vitelo, que aqui no Brasil é algo muito complicado. Além da dificuldade de achar, tem o preço, que é altíssimo. Lá, o vitelo é do boi piemontês, que é um boi gigante, então, o vitelo é grande. E fazer algo à milanesa, por exemplo? Foi só lá que aprendi a fazer uma milanesa de verdade. Aqui a gente faz mais é um bifinho batido e empanado com a farinha bem grudada. Lá a milanesa é uma carne mais alta, mais suculenta no meio, quase malpassada, com osso, não é tão batidinho como a gente costuma fazer aqui.

Comecei a perceber essas nuances... E a descobrir qual é o real ponto do risoto italiano... A gente imagina que o italiano come o risoto quase cru, mas não é verdade, porque eles comem cozido, no ponto correto. Tanto que uma vez, quando estava no Flipot, tive de fazer a comida do *staff* e fui fazer risoto. Quando servi, só ouvi: "Ma, Carlo, questo risoto está cru". E eu achando que estava fazendo no ponto italiano! O *al dente* é o cozido perfeitamente, não é cru. Nunca mais esqueci isso. E é estranho, já que o brasileiro tem um gosto mais passado, tanto para risoto quanto para massa. É complicado, pois, quando você faz para a maioria, desagrada à crítica e, quando você faz para a crítica, desagrada à maioria. É uma eterna busca do equilíbrio entre o que acreditamos e o que vende.

**Costoletta di Vitello alla Milanese**

4 costeletas de vitelo
4 xícaras de farinha de pão
sal a gosto
2 ovos batidos
1 maço de rúcula
8 tomates-cereja
2 xícaras de manteiga clarificada

**Preparo**

Bata um pouco a carne. Tempere-a com sal dos dois lados, passe no ovo e na farinha.

Aqueça a manteiga clarificada em uma frigideira e frite cada lado da costeleta.

Sirva com rúcula e tomate-cereja.

Se quiser no formato "orecchia di elefante", bata até que a carne fique bem fina, mas faça alguns cortes na borda da carne para que ela não dobre durante a fritura.

**Certo dia, lembro-me de que um dos caras** da turma, que depois virou o mais dispersivo e desanimado, deu uma sumida no caminho de volta para o alojamento. Vi que ele estava atrás de uma muretinha fumando um baseado. Aí percebi a diferença da minha pegada com os demais alunos, eu estava numa vibe absurdamente concentrada, CDF, aos 35 anos eu não podia mais errar. Não podia mais me dispersar. Foi por isso que a ritalina ficou de lado, eu realmente estava em um nível de interesse total.

Vendi um terreno que eu tinha em Ibiraquera, Santa Catarina, que nem sei quanto vale hoje, só sei que acho que nunca mais vou comprar algo igual. Era um sonho de lugar, no meio da lagoa de Ibiraquera, um terreno que comprei para minha aposentadoria, mas tive que vender para ir viajar ou não ia ter dinheiro. Meu pai ajudou um pouco com a grana, mas, para fazer o curso mesmo, eu precisava de dinheiro. Vendi com dor no coração.

Estava tão concentrado que logo que acabavam as aulas, eu ia para casa, passava todas as anotações a limpo... Eu? Logo eu, que sempre fui muito desorganizado e nunca fiz nada disso? Passava, repassava, pegava a receita que tinha feito no dia, pensava onde tinha errado, onde poderia melhorar, o que poderia fazer para melhorar.

Enquanto meus companheiros de classe, no auge da molecagem, saíam de lá, iam para o bar encher a cara, que era a única coisa que tinha para se fazer naquela cidade minúscula, eu ficava em casa. Eu não tinha dinheiro para brincar, precisava tirar 100% do curso, 100% da experiência e voltar para o Brasil com algum diferencial. Não era só ir lá e estudar, eu queria aprender.

Por falar em casa, morávamos todos juntos, em quartos de duas a quatro pessoas. Eu dividia o quarto com aquele da muretinha, o disperso. Na verdade, tinha o quarto de entrada e o quarto principal, então, tínhamos alguma privacidade, o que era bom, já que meu parceiro só queria saber da erva. E não era erva de uso culinário, se é que vocês me entendem.

Havia uma área comunitária onde ficava a televisão, a gente jogava... Computador? Não, não tinha. E para acessar a internet era um sacrifício. Na própria escola, havia um único terminal para que todos os alunos pudessem usá-lo. Ou seja, a gente agendava meia hora por dia e, nesses 30 minutos, tinha que responder aos e-mails da namorada, entrar no Orkut, ver como estava a vida no Brasil... Era dureza.

Também precisávamos sair para comprar sabão em pó e as fichinhas para as máquinas de lavar roupa e secar – que vira e mexe não funcionavam e tinham que levar umas porradas. Além da obrigatoriedade de passar a roupa, isto é, quando o ferro estava limpo.

## É FERRO

**Aos domingos, normalmente, a gente não tinha comida** na escola e cada um tinha que se virar. Saíamos para ir ao mercado, comprávamos carnes, queijos, para levar para casa e preparar. Só que a gente não tinha acesso à cozinha – o que era o mais doido da história, já que estávamos lá para estudar gastronomia; o máximo que havia era uma churrasqueira que um grupo comprou uma vez e acabou deixando por lá. Tínhamos de improvisar e cansei de fazer frango no ferro de passar roupa quando não tinha carvão.

Embrulhava o filezinho de frango no papel alumínio com umas ervas e um pouco de azeite, deixava em cima do ferro até esquentar. O máximo que posso dizer é que dava para comer e jamais passaria uma receita dessas para vocês. Crianças, não façam isso em casa!

**EXPERIÊNCIAS**

**Blem, blem, blem...**

Costigliole d'Asti é uma cidadezinha pequena, com 5.800 habitantes, 36 km quadrados, ou seja, um lugar no qual praticamente todos os dias o sino toca e aparece uma procissão. Acho que, como só havia velhinhos naquele local, todo dia morria um. Era impressionante...

Quando eu perdia o jantar, ou aos domingos, quando a escola estava fechada, ia muito ao Caffe Roma, um lugar que depois veio a me inspirar para abrir o Zena, e à pizzaria Madalena, além de outras experiências que tive na região. Com o dinheirinho que sobrava, eu tentava jantar nos melhores lugares por ali. A faculdade é boa ou ruim dependendo de você. Eu procurei ao máximo transformar toda essa experiência, a oportunidade de estar estudando na Itália, na coisa mais completa possível, não ficar só ali estudando. Eu precisava provar tudo que tinha pela frente, precisava daquilo entrando na minha pele.

Fui visitar a Lavazza, de café, a Riso Gallo, de arroz para risoto, a Icardi, de vinho piemontês, fomos a um consórcio de queijo grana padano... Era um modo de absorver toda a cultura deles, era parte do currículo.

Para me virar longe de casa, do grupo de americanos, fiquei muito amigo da Connie, que na verdade era canadense, do Steve e da Julia. E tinha a Paula, que era brasileira, mais nova; virei meio que um mentor dela e acabei puxando-a para nosso grupo. Viajávamos, fazíamos churrascos, visitávamos restaurantes e ficamos muito amigos.

**POLÍCIA**

**Um dia, fui viajar com o Steve,** fomos para Gênova, conhecer o Slow Fish, do Slow Food, onde tive contato com coisas que nunca tinha visto na vida como o percebes, um pequeno crustáceo, ou a bottarga, que são as ovas da tainha salgadas e secas. Saímos de lá, fomos para Santa Marguerita Ligure, onde eu precisava experimentar um pesto genovês, comer umas focaccias – sempre fui buscar coisas típicas de cada região –, e depois para Portofino, onde tive uma das grandes aventuras da viagem inteira: quase acabei preso.

Estava um frio daqueles, de começo de outubro na Europa, e, não me pergunte o porquê, eu tinha cismado que queria nadar. Detalhe: estava sóbrio! Simplesmente, arranquei a roupa, fiquei só de cueca e pulei no mar. Na hora, saiu uma mulher de uma loja e começou a berrar:

– Não pode nadar aí, está maluco!?! Não pode. Sai daí!

E ficava me apontando uma casa vermelha, grande, imponente. Era uma delegacia de polícia, Por sorte não me viram. Quando percebi, saí correndo, botei a calça rapidinho e tive de voltar com a cueca molhada. Mas eu precisava me batizar naquela água.

Visitei quase toda a vizinhança da escola: Valle D'Aosta, Emilia-Romagna, Lombardia e Piemonte.

Carlos Bertolazzi

## Spaghetti com Bottarga e Molicata

320g de spaghetti
1 bottarga pequena inteira
2 dentes de alho
1 xícara de farinha panko
10 colheres (sopa) de azeite de oliva extravirgem
sal a gosto
salsinha a gosto

**Preparo**

Cozinhe a massa em água abundante e salgada.

Toste a farinha panko em uma frigideira com 2 colheres de azeite e sal.

Em outra frigideira, aqueça o restante do azeite e acrescente o alho. Reserve.

Coloque, então, a massa já cozida no alho e óleo e mexa para que os sabores se incorporem. Acrescente a salsinha e mexa mais um pouco.

Por último, sirva a massa ao alho e óleo em um prato, coloque as fatias da bottarga por cima e finalize com a farinha torrada.

**CRACCO**

**Como o Steve tinha família em Milão** (na verdade em Busto Arsizio, uma cidadezinha lá perto), resolvemos ir para lá. Foi minha primeira vez em Milão – a terra do meu pai –, pois, até então, só conhecia o aeroporto. E, para falar a verdade, não gostei muito não, preferi Turim.

Fomos a Milão com a intenção de visitar o Cracco, do Carlo Cracco, um dos principais chefs da cozinha italiana, para sermos felizes. Pedimos o menu degustação. Acho que gastei uns duzentos euros, mas foi incrível!

Dois pratos me impressionaram muito. Um foi uma salada russa – a insalata russa caramellata –, que ele servia dentro de um disquinho envolto em uma camada muito fina de açúcar. Eu fazia muita salada russa nessa época, fazia maionese para um batalhão, aprendi a fazer na marra.

Então, quando fui provar essa do Cracco, eu já tinha referência do que era uma boa salada russa, pois, ao mesmo tempo que você vai fazendo, você vai provando. Quando comi e tinha aquela casquinha de açúcar, tão fina, tão delicada, só para você poder pegar com a mão e mordê-la feito um biscoitinho, senti uma coisa muito diferente: senti que estava entrando realmente em contato com a altíssima gastronomia italiana.

Outro prato que me impressionou muito foi o focinho de porco com camarão e maçã verde, acabou me revelando que qualquer ingrediente bom pode virar alta gastronomia. Focinho de porco? Você pensa em feijoada! Não com aquele sabor e aquela criatividade com carnes que não são consideradas nobres.

E isso foi só o começo, já que vim a comer testículo de boi, cérebro de vitelo, crista de galo... Eu ia comendo tudo isso. E era tudo bom!

Tudo? Nem tanto assim. Um dia me fizeram comer tripa, que sempre odiei. Não tenho frescura para nada, mas tripa era dureza. No primeiro dia, comi e achei OK, não era tão ruim assim, achei que até ia começar a gostar. No segundo dia, me empolguei e pedi de novo, mas não consegui mais comer. Não sei o que é tão ruim, o que me incomoda tanto, se é a textura, sei lá, mas só de pensar... blargh!

Toda essa dedicação foi recompensada, quando eu, da minha turma toda, fui o único a fazer estágio em um restaurante com estrela *Michelin*.

## Insalata Russa

4 batatas médias
2 cenouras
1 xícara de ervilha fresca
1 xícara de maionese
2 pepinos em conserva
azeite extravirgem a gosto
vinagre de vinho branco a gosto
sal e pimenta a gosto
2 ovos

**Preparo**

Corte a batata e a cenoura em cubinhos e cozinhe-os separadamente, pois cada um tem o seu próprio tempo de cocção. Cozinhe também as ervilhas. O ponto ideal é al dente. Coloque os legumes já cozidos num bowl. Corte os pepinos em conserva em pequenos cubos e coloque no mesmo bowl dos legumes. Tempere com azeite de oliva, vinagre, sal e pimenta a gosto. Misture a maionese aos legumes e finalize com os ovos cozidos picados.

**O estágio é obrigatório.** Eu, antes mesmo de ir para a Itália, ficava enchendo o saco do ICIF, perguntando sobre os restaurantes com os quais eles tinham convênio, para eu já tentar filtrar o que queria, pois sabia que tão importante quanto o curso seria o estágio que faria na sequência. Isso depois se mostrou verdadeiro.

Quando fui para lá, na minha cabeça, já tinha uma lista de restaurantes em que eu tentaria cavar um estágio. Em uma das conversas que tive com o Massimo Ferrrari, que conhece muito o Piemonte e os restaurantes de lá, me falou do Flipot e de uns outros três restaurantes que eram muito bons na região, assim o Flipot ficou guardado em algum lugar no meu subconsciente.

Ficaríamos outubro e novembro na escola e de dezembro a março no estágio. No meio de novembro, quando começou a esfriar muito, eu estava fumando no terraço em uma das pausas, e o diretor da escola, o Raffaele, estava comigo lá fora. Como eu falava italiano, ele começou a puxar papo e a falar do frio.

– Está vindo um frio, hein? Daqui a pouco começa a nevar – disse ele.

– Para mim, está ótimo, adoro o frio.

– É mesmo?

— Poxa, adoro esquiar, é uma das coisas que mais amo na vida, ir para as montanhas... – respondi.

— Interessante. E você gostaria de ir para um restaurante nas montanhas?

Afirmei que sim, mas na hora nem pensei muito. Ele virou e disse:

— Vou conversar com um chef amigo meu que tem um restaurante com estrela *Michelin*, uma ou duas, não sei. Ele não tem convênio com a escola, mas, de repente, como a gente é muito amigo, eu consiga armar isso para você.

Pensei, "nossa, que animal". Não sabia nem se era um daqueles que eu estava cogitando. Peguei meu guia *Michelin* e comecei a fuçar em tudo só para ver quais eram os estrelados e a deduzir pela localização, Piemonte, estrelas, montanha, e tinha o Flipot!

Passaram-se alguns dias, ele veio falar comigo.

— Falei com o Walter...

— O Walter Eynard? – perguntei, meio que no desespero, pois sabia que o chef do Flipot chamava-se Walter. Não me aguentei. – Você está falando do Flipot?

— Sim, é bem provável que dê certo.

Aí, para mim, tudo começou a fazer sentido. Sabe aquela sensação de que você está indo no caminho certo da vida? Eu me sentia assim, ainda mais ao lembrar de amigos que foram para lá e tiveram experiências de estágios horrorosas. Era a junção da sorte, com a competência, com o querer muito...

Mais alguns dias naquela ansiedade, e o diretor entrou na sala de aula. Estávamos todos esperando por notícias, pois faltavam apenas mais duas semanas de aula. Ele veio em minha direção, se abaixou e disse:

— Bertolazzi, deu certo!

Eu não queira fazer mais nada, queria pular, sair correndo, mas não podia deixar transparecer para os outros alunos que eu já tinha para onde ir, afinal, estavam todos ali naquela angústia. Para completar as notícias boas, quando peguei novamente o guia *Michelin* para ver mais uma vez para onde eu ia é que me dei conta: o Flipot já havia ganhado a segunda estrela e eu nem sabia (culpa do guia que eu tinha aqui no Brasil, de uns dois anos atrás). As coisas só melhoravam!

## ESTAGIÁRIO DE LUXO

**O Flipot ficava em Torre Pellice,** uma cidade minúscula, de 21 km quadrados e cerda de 4.500 habitantes, e tinha duas estrelas *Michelin*, ou seja, não era um restaurante para as pessoas daquela cidade. O Walter tinha outro restaurante, chamado La Crota Dell'Ours, que quer dizer "a gruta do urso", que era para o pessoal local.

Eu saí de Costigliole d'Asti, fui para Turim pegar o trem para Pinerolo e um ônibus de Pinerolo até Torre Pellice. Cheguei, desci na rodoviária, vi aquela cidade de uma rua enorme, praticamente só ela, com outras duas ou três travessinhas, sem táxi e fui arrastando aquela malona para seis meses até achar o restaurante.

Nessa hora, a cabeça vai a mil: estava indo para um estágio que não tinha convênio com a escola, era quase um favor pessoal do chef Walter para o diretor, eu tinha medos – onde será que vou ficar, onde será que vou dormir, será que é só chegar lá e bater na porta, será que estão me esperando, será que o diretor realmente avisou que estou chegando?

Cheguei lá umas duas e meia da tarde, e o almoço terminava às três. O Walter e sua mulher me receberam, me colocaram em uma mesa e me serviram um menu degustação inteiro. Isso sem eu nem ter dado oi para a cozinha.

Os caras lá de dentro já me odiavam, pois eles iam embora às três e tiveram de ficar até umas quatro me servindo: a mim, o estagiário! Comi um agnolotti e pirei: "Que massa é essa?!" E também experimentei o sformato di lavanda, dois pratos com os quais tive muita identificação.

O Luca, um tremendo subchef de lá, depois me confessou. "Filho da p... quando você chegou naquele horário, eu queria te matar".

O Walter, além de ser um grande chef, foi professor das albergueiras, que são como colégios técnicos, ele deu aula lá por muito tempo. A molecada, com uns treze, catorze anos, estuda na escola, depois vai ter aula nas albergueiras e começa a fazer estágio nos restaurantes top. Um dia, fui com ele à albergueira de Pinerolo; é impressionante o nível de conhecimento dos garotos. É uma mistura de hotelaria, gastronomia e salão.

O que mais me impressionava no Flipot é que chegavam moleques de quinze anos, com moletom, boné para trás, corrente, piercing, fone de ouvido com um rap italiano e, quinze minutos depois, ao sair do vestiário estavam com um terninho e entravam no salão para servir pão. Poxa, aqueles moleques já estavam em uma estrutura de um restaurante com duas estrelas *Michelin*! Tinha um estagiário lá, que tinha uns cinco anos de casa e foi efetivado logo depois que eu saí. Dezoito anos de idade e cinco anos de restaurante nas costas. Era surreal.

Uma das grandes lições que aprendi é que não pode haver desperdício. Pegávamos a cabeça de porco inteira, cozinhávamos, separávamos a bochecha, tirávamos tudo e não se perdia nada.

Recebia meia carcaça de cordeiro, na verdade eram doze meias carcaças, desossava e separava tudo. Tirava a paleta e o pernil, dividia, amarrava e fazia braseada, tirava a costeleta e apenas selava e colocava no forno, tirava a capa e cortava picadinho para fazer ragu e, com tudo que tinha dentro – coração, rim, língua, pulmão – depois de cortar tudo muito pequenininho, fazia um tipo de sarapatel e colocava moscato, um vinho do Piemonte que tem um pouco de doce para ajudar a cortar um pouco aquele gosto característico de miúdos. O prato era uma viagem pelo cordeiro inteiro...

O mais legal é que eu não era só um estagiário, eu tinha meu espaço desde o começo, havia coisas para eu fazer. Não ficava só lavando louça. É lógico que a gente limpava o nosso espaço, como em todos os restaurantes em que eu trabalhei lá fora, mas todos faziam isso, não era só o estagiário. O máximo que havia era um revezamento para ver quem ia passar esfregão no chão no fim do dia. Minha função não era ficar descascando batata, essa também era minha função, mas cansei de ver chef fazendo isso, limpando quilos de vieira, afinal todos eles passaram por isso: começaram na albergueira, fizeram estágios, trabalharam em grandes restaurantes e viraram chefs.

O Walter tinha uma paciência comigo... Ele foi um pai para mim. Ele chegava para mim e perguntava:

– Você já fez defumação?

– Eu não.

– Vou te mostrar como se defuma. Escolha uma erva da qual você goste, a gente deixa a carne aqui com essa erva e amanhã a gente faz a defumação.

Fazíamos, então, a defumação a frio, com calor, o tipo de madeira, o tipo de erva. Era um professor.

Outra coisa que me impressionava muito eram as ervas de lá, muitas das quais eu nunca tinha ouvido falar, como genepi, ruta... Como era um restaurante que ficava nas montanhas, muitas das ervas eram colhidas a mais de três mil metros de altitude, totalmente selvagens.

## Agnolotti di Magro

**Recheio**

2 xícaras de ricota

1 colher (sopa) de azeite extravirgem

1 dente de alho

1 xícara de espinafre cozido e picado

1/2 xícara de parmesão ralado

1 gema de ovo

sal e pimenta a gosto

noz-moscada a gosto

**Massa**

2 xícaras de farinha

7 gemas

1 ovo

1 ovo para pincelar

**Molho**

4 colheres (sopa) de manteiga

1 xícara de caldo de legumes

2 colheres (sopa) de tomilho picado

## Preparo

### Recheio
Aqueça o azeite em uma frigideira com o dente de alho amassado e refogue o espinafre. Retire o alho, deixe esfriar e misture os demais ingredientes. Tempere com sal, pimenta e a noz-moscada. Reserve.

### Massa
Coloque a farinha em uma superfície plana e faça um buraco no meio. Acrescente as gemas e o ovo. Depois misture tudo delicadamente com as mãos, com movimentos circulares. Trabalhe até formar uma massa bem elástica e que desgrude das mãos. Deixe descansar por cerca de 1 hora. Abra a massa com um cilindro ou com um rolo até ficar bem fina. Corte no sentido do comprimento em tiras de aproximadamente 6 cm. Pincele o ovo pelas tiras. Coloque o recheio em bolinhas ao longo da massa a uma distância de cerca de 2,5 cm uma da outra. Dobre a massa ao meio para fechar o recheio e aperte com os dedos entre cada recheio. Com um cortador de massas separe os agnolotti.
Cozinhe a massa em água fervente com sal. Quando os agnolotti subirem até a superfície da água, retire-os da panela e reserve em uma travessa.

### Molho
Em uma frigideira, derreta a manteiga com o caldo de legumes e adicione o tomilho. Jogue os agnolotti e deixe incorporar bem o molho. Sirva imediatamente.

## Sformato di Fiori di Lavanda

### Sformato

3 colheres (sopa) de flor de lavanda
2 xícaras de creme de leite fresco
1 ¼ xícara de açúcar
6 ovos
2 folhas de gelatina incolor

### Calda de chocolate

1 ½ xícara de chocolate amargo em pedaços
1 xícara de creme de leite fresco

## Preparo

### Para o Formato

Aqueça o creme de leite em uma panela sem deixar ferver. Adicione 1 xícara de açúcar, deixe dissolver e adicione as flores de lavanda. Tampe a panela, retire-a do fogo e deixe macerar até o completo resfriamento. Coe o creme de leite, retorne à panela e aqueça novamente. À parte, bata as gemas de ovo com o restante do açúcar até obter um creme branco e espumoso. Acrescente ao creme de leite e deixe cozinhar em fogo baixíssimo. Quanto o creme estiver denso e liso, junte a gelatina já hidratada em um pouco de água fria. Passe novamente por um coador. Deixe o creme resfriar e, quando começar a solidificar, adicione a clara dos ovos montadas em neve bem firme. Divida entre as forminhas e coloque na geladeira.

**Para a calda**
Misture em uma panela o chocolate e o creme de leite em fogo bem baixo até obter uma calda bem homogênea. Sirva o sformato acompanhado da calda.

## OFFLINE

**Fora todo esse ambiente rústico que me cercava,** eu também estava vivendo uma situação muito atípica na minha vida: estava distante da internet, justo eu, que sempre fui para lá de conectado. No entanto, dois grandes fatores ajudaram para eu ter esse período de abstinência tecnológica, se podemos assim dizer.

Primeiro, era a dificuldade em me conectar a algo ou a alguém, já que, se quisesse entrar na internet, teria de usar o computador do restaurante, na máquina em que o próprio Walter fazia todos os lançamentos do Flipot, quer dizer, não sobrava tempo quase nunca, né?

Ia mandar um e-mail, tinha de parar no meio, pois o Walter, a mulher dele ou sei lá mais quem tinha de usar o computador. Ia acessar alguma comunidade do Orkut, lá vinha outra pessoa pedindo licença para usar o computador para algo mais prioritário. É, eu sei, realmente todo mundo era mais prioritário do que meus e-mails, eu tinha de aceitar isso.

A segunda situação que me afastou do mundo tecnológico foi uma espécie de introspecção em que estava vivendo. Como disse antes, eu queria viver cada momento lá até o fim, desejava absorver todo o conhecimento possível, cada dica, cada mínimo detalhe de uma forma completa, total. Sem querer, acabei me abduzindo por livre e espontânea vontade. E foi bom passar um tempo offline, por mais estranho que isso me pareça hoje.

> **PERRENGUE**

**Quando chegou o Natal, o restaurante ia fechar** um bom tempo para as festas, e eu não teria nada para fazer, ficaria sozinho naquele fim de mundo – ou quase, já que Torre Pellice é a penúltima cidade da estrada. Resolvi voltar para o Brasil, estava com saudades, e consegui uma passagem. Mas não foi tão fácil assim...

Era fim de ano, tudo fica mais complicado e meu roteiro era Turim, Paris, São Paulo. Sairia de Turim às 7h30 para chegar a Paris às 9h30 e tomaria um avião para São Paulo por volta das 11h. Primeiro, eu não tinha como sair de Torre Pellice e chegar ao aeroporto de Turim às 6h, pois não tinha condução nesse horário. Como não tinha dinheiro para ficar gastando em hotel, decidi tomar o último trem de Torre Pellice, umas 22h do dia anterior, desceria em Pinerolo, de lá pegaria outro trem para Turim, tomaria um ônibus para o aeroporto e beleza! Deu tudo certo e, por volta da meia noite, já estava no aeroporto, que ainda estava funcionando.

De repente, tudo começou a fechar e bum!, todas as luzes do aeroporto se apagaram. Eu fiquei lá, parecendo o Tom Hanks em *O terminal*, sozinho naquele lugar todo vazio. Tentei me ajeitar e dormir em algum banco, mas fiquei desconfiado. Ouvia um barulhinho de uma reforma ou outra lá longe, resolvi andar e, por fim, achei uma salinha. Mexi na tranca, a porta estava aberta. Ufa!

Pensei: vou ficar escondido aqui e que se dane. Vou dormir no sofá. Pus o pé escorando a mala, para que, caso alguém puxasse, eu percebesse. Minha outra sacola prendi no braço e boa. Acordei umas 3h, quando vi um policial entrar com uns três caras que tinham muito jeito de imigrantes ilegais e lá se foi meu alojamento improvisado, não consegui mais dormir.

Deram 6h, eu era um dos primeiros da fila e, finalmente, ia embarcar. Estava lá com minha malona, com uns trinta e poucos quilos – cheia de livros, material da escola, uma garrafa de vinho que ganhara do Walter para tomar com meu pai no Natal. Era um Barolo do Ceretto, coisa fina. O atendente da companhia aérea era o cara mais antipático do mundo e, curto e grosso, me disse:

– Não pode embarcar com esse peso todo!

– Como não? Posso levar duas bagagens de 32 quilos cada uma, estou levando só uma e blá blá blá – tentei argumentar.

– Não pode. Nem se pagar o excesso de peso. Não pode entrar com uma mala com esse peso no avião.

Eu abri minha bagagem, comecei a ver o que poderia dispensar e, é lógico, que a garrafa eu não ia deixar lá para aquele ogro mal-humorado. Fui tirando, tirando, tirando... Pesei. Tinha 28 quilos.

– Agora você paga o excedente a 23 quilos – disse-me, graciosamente.

Carlos Bertolazzi

O tempo correndo, as pessoas indo para o embarque, e eu desesperado: "Pô, vou perder o voo". Para piorar o cenário, o local onde eu devia pagar a taxa de excesso de peso ainda estava fechado. Assim que abriu, eu, totalmente esbaforido, fui falar com a mulher e expliquei minha situação.

Ela, muito solícita, deu a informação:

– Senhor, o senhor não precisa pagar nada, pelo seu ticket o senhor pode levar duas bagagens com 32 quilos cada uma.

Ahhhhhhhh! Eu só disse internamente: "mas que FDP", não assim abreviado, mas com todas as letras, pausadamente. Eu queria matar aquele cara. Mas, como não tinha mais o que fazer, as coisas já estavam no lixo, eu só queria embarcar.

Finalmente, entrei no avião. Sentei no meu lugar, me acomodei... E o avião não saía do lugar. Fora a demora para todo mundo embarcar – tenho certeza de que era por culpa daquele cara, que era muito lerdo –, a asa da aeronave congelou.

Espera mais um pouco, vem o pessoal de apoio, carros com esguicho e coisa e tal, enfim, partimos. Resultado: cheguei a Paris em cima da hora do meu voo para São Paulo. Perdi aquele. Seguindo as orientações das atendentes, corri para reservar lugar no próximo voo, consegui e fiquei lá me gabando de ser esperto por ter conseguido uma vaga no avião que sairia à noite. Minha alegria só durou até descobrir que um rapaz que estava comigo no mesmo voo de Turim, conseguiu embarcar e já estava quase chegando ao Brasil. E eu ainda estava em Paris. Sim, à noite, eu, finalmente, consegui embarcar.

Ou seja, saí de Torre Pellice às 22h de um dia e fui chegar a São Paulo às 9h do ooooootro dia, quase 36 horas depois.

## MAIS DO QUE UM OVO

**Para compensar, durante minha passagem pelo Brasil,** fiz um jantar na casa do meu tio, onde estava o István Wessel. Ele ficou impressionado com meu jantar. No outro dia, no programa de rádio que ele tem na Band, ele disse:

— A dica que tenho para dar hoje é o ICIF, de onde acaba de chegar o Carlos Alberto, que até três meses atrás não sabia fritar um ovo...

Pensei: "Poxa, não esculacha". Mas ele me elogiou muito depois. Isso me deu ainda mais vontade de voltar para a Itália, pois ainda teria mais três meses.

## O CONCURSO

**Em uma conversa com minha prima** durante esse mesmo Natal, descobri que meu tio ia começar a distribuir uma marca de azeite.

– Olha que legal, vamos fazer um concurso na internet e o prêmio será um estágio no El Bulli, do Ferran Adrià. Por que você não se inscreve? – disse ela.

Só pensei: "Caramba (não foi essa exatamente a palavra, mas deu para você entender o contexto, não?). Sério? É só um estágio na cozinha mais concorrida do mundo!" Saí correndo, todo empolgado, fui ler o regulamento. Logo no primeiro item, porém, havia algo parecido com: "é proibido que parentes de pessoas envolvidas com a empresa participem da promoção". Fuém, fuém, fuééééém... Eu era carta fora do baralho.

Aos 45 minutos do segundo tempo, porém, o negócio não deu certo, meu tio não fechou com a empresa e voltei ao jogo. Me inscrevi no concurso, que era bem diferente de uma promoção comum: haveria aulas, workshops, de que a gente tinha que participar, com o David Jobert e o Francesco Carli, mandar receitas sobre determinado tema e ter uma participação muito ativa em um fórum na internet. Parecia que aquele prêmio era feito para mim, mas eu tinha de voltar das festas e estudar ainda mais. E voltei...

> **BOIA FAUS!**

**Outro ingrediente que me marcou,** no bom e no mau sentido na minha passagem pelo Flipot, foi o topinambur, fiquei tarado por aquilo. Aqui no Brasil é chamado de alcachofra de Jerusalém, é como se fosse uma mandioquinha, tem o adocicado da mandioquinha. O Walter fazia uma tortinha com esse topinambur puxadinho e uma salada acompanhando. Era assada na hora.

Certo dia, tínhamos a conta exata das tais tortinhas para uma mesa de dez pessoas. Só restavam aquelas. Na hora em que fui tirar do forno e pôr para montar os pratos, peguei só com uma mão, estava quente e ploft! Só vejo as dez tortinhas se espatifando no chão. Como eram de massa podre, não tinha como recuperá-las. A cozinha inteira parou, o Walter me olhou e eu só ouvi: "Ma, Carlo! Boia faus!".

Não tem tradução literal, mas era algo como "que merda". Eu havia entendido perfeitamente o recado.

Foi um dos meus maiores momentos de vergonha, pois atrasou a mesa inteira e tivemos que fazer do zero. Era meu primeiro estágio em um restaurante, era um duas estrelas *Michelin*, achei que ia ser mandado embora.

Carlos Bertolazzi

## Tortino di Topinambur

**Massa brisée**
1 ¾ xícara de farinha de trigo
½ xícara de manteiga
⅓ xícara de água gelada

**Recheio**
2 ovos
1 xícara de ricota fresca
½ xícara de creme de leite
6 colheres (sopa) de alcachofra de Jerusalém em cubos pequenos
sal e pimenta

**Bagna cauda**
1 xícara de azeite de oliva extravirgem
1 lata de sardinha anchovada (cerca de 100g)
¾ xícara de dente de alho
1 xícara de leite

**Preparo**

**Para a massa brisée**
Coloque a farinha e a manteiga bem gelada, cortada em cubos, em um processador e misture até ficar com um aspecto bem arenoso.

Sobre uma superfície gelada, trabalhe a mistura com a água gelada até ficar uma massa homogênea. Cubra com papel-filme e coloque na geladeira por cerca de 40 minutos. Retire pouco antes de usar e abra com um rolo até uma espessura de meio centímetro. Corte em círculos e coloque nas forminhas. Leve ao forno pré-aquecido a 180 graus por cerca de 7 minutos.

**Para o recheio**
Em uma tigela, bata os ovos com a ricota e incorpore o creme de leite montado. Em uma frigideira, salteie a alcachofra de Jerusalém em um fio de azeite até dourar levemente. Adicione ao recheio e ajuste o sal e a pimenta. Encha as forminhas com a massa brisée e retorne ao forno por mais 7 minutos.

**Para a bagna cauda**
Em uma caçarola, coloque o azeite, os filés de sardinha anchovada e o alho e cozinhe em fogo baixo por cerca de 15 minutos. Adicione o leite e cozinhe por mais 10 minutos. Passe tudo para um liquidificador e bata. Volte para a caçarola e cozinhe por mais 20 minutos.
Monte o prato com a bagna cauda, a salada e o tortino.

> **FERRARI**

**Como o Walter foi bonzinho comigo,** continuei naquela cozinha e, preciso confessar, era uma das cozinhas mais lindas em que já trabalhei. Havia um bloco de cozimento Molteni, a ilha de trabalho em si, com fogões aqui, fogões lá, chapa, forno, que era toda vermelha e dourada, parecia uma Ferrari! Juro.

E o espírito também era diferente, para trabalhar lá você tem de esquecer todo esse tipo de cozinha de cidade grande, com berros, correria, agitação. Durante a semana, era o Walter; o Luca, que fazia antepastos e sobremesas; o Demy, que cuidava de carnes; o Chu, um japonês que estava fazendo estágio também e ficava na massa; e eu, que rodava entre todos os setores.

Em um restaurante desses em que as reservas são quase sempre no mesmo horário e a maioria pede o menu degustação. Por volta das 20h30, começávamos com as entradas – um ovinho de codorna com óleo de nozes aqui, um creminho acolá, uma massa bem fininha com a qual fazíamos um cone e colocávamos ovas, salmão. Antes mesmo de a pessoa pensar no que ia comer, recebia uma taça de champanhe Billecart Salmon Riserva Flipot: era o cartão de boas-vindas do local.

Quando acabávamos as entradas, o pessoal que chegara às 20h já estava quase pedindo a sobremesa, e eu ia para lá.

Quando estava tranquilo, eu ajudava o Chu no "primo piatto" e, depois o Denny no "secondo"... Mas, no pré-preparo, a gente fazia de tudo, eu fazia massas, acompanhamentos, um monte de coisas.

Eram cinco pessoas, contando com dois estagiários, e conseguíamos dar conta de tudo, o ritmo era diferente, a organização deles era demais – o pré-preparo, os equipamentos, as técnicas de armazenamento...

Nessa época, eu não ganhava um centavo sequer pelo trabalho, mas, em compensação, o aprendizado foi muito, muito grande. Estava morando em um hotelzinho a cem metros do restaurante e dividia o quarto com esse japonês. Além do aprendizado cultural, óbvio, ele era mais CDF do que eu!

A gente acordava cedo, por volta das 7h, ia trabalhar, voltava às 15h para o hotel, dava uma dormidinha – mesmo porque não tinha nada para fazer na cidade a essa hora, pois estava tudo fechado – até umas 18h, retornava para o restaurante, jantava com o staff em uma mesa comunitária e começava o serviço da noite. Cinco vezes por semana, com folgas às segundas e às terças-feiras.

## GNOCCHI

**Se tem alguma coisa que já fiz,** e faço, muito nesta vida é gnocchi, mas muito mesmo. Cada vez que fazíamos, tanto para o Flipot quanto para o Crota, eram seis quilos em uma tacada só. A gente cozinha a batata, com pele, e não deixa a batata esfriar, descasca – é, tem que queimar as mãozinhas –, espreme no passa-verdura, coloca a farinha, molda, cozinha, mete na água fria e guarda. Eu tinha de ter tempo para isso, pois tem de fazer todas as etapas do processo de uma vez só.

Já fiz alguns testes e digo: essa é a melhor forma de se fazer gnocchi. Com a batata quente você usa bem menos farinha e, com isso, fica com muito mais gosto de batata, muito mais leve. Se você pegar um gnocchi feito com a batata fria e outro com a quente, na hora que você jogar os dois na panela com certeza o segundo vai subir mais rapidamente – afinal, tem menos farinha. E, repito, o gosto da batata é muito melhor!

**FOI GOL?**

**Assim como no Brasil, uma das paixões dos italianos é o calcio,** ou, para os íntimos, o nosso bom e velho futebol. Em Costigliole, havia um barzinho no qual eu ia assistir aos jogos do Milan com a Connie, que também era milanista. Lembro-me de um Juventus x Milan, e a grande maioria lá era Juventus, de Turim, logicamente, e nós desesperados torcendo para o Milan. Só deu uma quebrada de gelo naquela tensão quando a Julia olhou, já meio alterada e sem entender muito de futebol, e perguntou:

– Ué, tem time só de juiz?

Rachamos o bico, pois ela estava literalmente confundindo as bolas, uma vez que, no futebol americano, os juízes usam uniformes brancos com listras pretas, coincidentemente a mesma vestimenta dos jogadores da Juventus. "Onde já se viu, time só de juiz...", ela ficava falando, para a nossa diversão.

No Flipot, aos domingos, trabalhávamos ouvindo os jogos. Durante a semana, sempre havia um fundo musical, mas, aos domingos, o futebol era sagrado. Se você já não entende muita coisa do que os locutores daqui do Brasil dizem, imagina, então, você ouvir uma locução em italiano. Para piorar, eles não têm a tradição de gritar "gooooooooooool", alto, escancarado, como aqui. Então, durante as partidas, eu só ouvia algo como: "jhsfhwbbabkjsbdjajk addhjebhjhl gol", assim mesmo, normal, baixinho...

De repente, só via todo mundo comemorando, gritando, e eu, sem entender nada, entrava na onda e festejava com eles também. O Walter era juventino, eu era Milan e o Demy era Inter, roxo, fanático. Quando tinha clássico entre Juventus e Inter, a cozinha virava um verdadeiro caos.

> **DICA PARA A VIDA INTEIRA**

**Uma vez, chegaram uns 60 quilos de escargot** mais ou menos, a gente fez as contas e eram milhares deles, milhares, sobre os quais o Walter tinha uma explicação, digamos, inusitada. O escargot, um pouco antes de hibernar, fecha a concha, a tampinha dele, com uma espécie de massa corrida.

Nessa época, ele comprava todas aquelas remessas de escargot de que a gente tinha que tirar da casca, cozinhar e congelar, pois, antes de hibernar, o bichinho já havia evacuado tudo, afinal, ele não vai dormir de barriga cheia e fazer tudo com a concha fechada, onde vai dormir.

Além disso, todo o esforço físico que ele fez para construir a casinha dele deixava a carne mais saborosa. Ou seja, são pequenos e úteis detalhes que se aprende nesta vida. Agora, você já sabe: nunca coma escargot que acabou de acordar.

## CONVIDADOS ILUSTRES

**No fundo da cozinha havia uma portinha** pela qual saíamos para levar o lixo, íamos buscar alguma coisa, pegar alguma erva no jardim – havia um pé de louro enorme lá atrás. O pequeno problema (pequeno problema nada, eram dois enormes problemas) é que o Walter tinha dois pastores-alemães, que ficavam soltos por lá. A porta da cozinha era automática: você parava na frente dela e ela se abria sem precisar girar nenhuma maçaneta. Uma vez, fui buscar algo, dei bobeira e, de repente, um dos pastores entrou no salão do restaurante – que estava em pleno funcionamento!

Imagine só: você está comendo sossegadamente, quando depara com um pastor gigante a seu lado, olhando para a sua cara e você com um prato de comida na frente. Foi tenso, muito tenso. No fim, ninguém saiu ferido, mas posso dizer que essa foi a segunda burrada que fiz no Flipot e, é claro, ouvi mais uma vez: "Boia faus, Carlo!".

### FEINHOS, MAS GOSTOSOS

**Tenho de confessar uma coisa: sou tarado por sorvete.**
Sou, assumo, sem nenhum constrangimento.

Durante as aulas no ICIF, já tinha ficado emocionado ao aprender a fazer sorvete. Base creme, base água. Era um novo mundo para mim, que fui acostumado a ver o produto pronto nas sorveterias ou nas gôndolas dos supermercados. Mas foi no Flipot que conheci toda a versatilidade do sorvete.

Tínhamos uma máquina pequena e fazíamos os mais variados sabores para servir numa sobremesa que levava nunca menos do que cinco tipos diferentes de sorvete. Licor de pera martin sec, laranja sanguinella, caqui, damasco e muitos outros sabores com que eu não estava acostumado compunham essa receita. E eram todos bons demais.

Mas o meu preferido era o de creme mesmo, com aquela baunilha fresquíssima, abundante, deixando seus pontinhos pretos repletos de sabor. Para completar, tinha um biscoito que preparávamos para o café chamado brutti ma buoni, cuja tradução literal é: feios, mas gostosos. E como eram gostosos.

Foi com eles que aprendi o truque de colocar uma pitada de sal em doce. Para não enjoar. Funcionava. Logo, eu não parava de comer. Ficavam em caixas imensas sobre uma das geladeiras. É um doce típico piemontês feito com a clara do ovo. E a receita tem uma explicação: como a gema é muito usada para fazer massa fresca, imagina o que não sobrava de clara nas cozinhas da região... Daí surgiram os biscoitinhos.

Mistura-se um pouco de avelã, outra paixão minha, e pronto. Fiquei tão viciado que coloquei, mais tarde, para servir com o café do Zena. Dizem que o melhor sorvete é aquele que acabou de ficar pronto. É verdade. E o que tem a ver sorvete e os biscoitinhos?

Simples: sobre o sorvete de creme recém-pronto eu dava uma mãozada de brutti ma buoni quebrado que sobrava no fundo das caixas. Dos deuses.

**Brutti ma Buoni**

      1 xícara de clara de ovo
      2 xícaras de açúcar
      1 xícara de avelã
      1 xícara de amêndoas

**Preparo**

    Bata a clara de ovo com o açúcar na batedeira por 40 minutos.

    Adicione as amêndoas e as avelãs à clara batida e leve ao fogo baixo, mexendo sempre, até que a massa fique dourada. Com uma colher, distribua pedaços na forma untada. Coloque em fogo baixo (até 130 graus) e espere dourar.

## CALDO DE CARNE

**Algumas coisas que aprendi lá no Flipot** carrego comigo até hoje. Como o restaurante fechava às segundas e às terças, assim que chegávamos na quarta-feira, tinha um panelão, que ficava em cima de uma chapa de ferro, em um fogo bem baixinho. Pegávamos uns baitas ossos de vitelo, dourávamos, colocávamos legumes, vinho, ervas e aquilo ficava em cima dessa chapa de ferro até domingo. A gente só colocava um pouquinho de água de vez em quando, mas, no domingo, esse caldo estava fantástico. Nunca tinha visto aquilo em escola nenhuma. Quer dizer, lá era mais do que uma escola.

## É MOLE?

**Não posso deixar de citar o Luca, grande Luca,** com o qual aprendi muito em termos de trabalho em si, aprendi a ver as possibilidades da gastronomia, uma vez que ele era muito antenado na cozinha mais moderna. No Flipot, apesar de ser mais tradicional, era o Luca que dava uma leveza, um tom mais moderno aos pratos. Ele queria saber o que estava sendo feito pelo mundo afora. Era meu parceiro de invenções maquiavélicas, um comparsa na hora de inventar coisas.

Uma vez ele apareceu com uma revista francesa embaixo do braço, falando que tinha descoberto uma receita de não-sei-o-que-lá, dizendo que aquilo deveria ficar maravilhoso. Pegou o açúcar, viu a temperatura, misturou, fez isso, adicionou aquilo, puxou, aromatizou com lavanda, deu a cor, finalizou e disse:

– Experimenta!

Eu pus na boca e tive apenas uma reação.

– Porra, isso aqui é maria-mole! Isso aqui na minha terra você compra em caixinha no supermercado, põe água e está pronto.

Ele a cortava em quadradinhos e colocava para acompanhar o café. Só para sacanear, disse para ele que eu ia fazer outra iguaria para ir com esses petit fours. Peguei leite condensado, misturei na panela com chocolate e manteiga e ele só me olhava reclamando, fazendo cara feira, não estava botando uma fé. Na hora que acabou, estava pronto o brigadeiro. A galera adorou! Sem receita, sem medir temperatura, sem nada...

Em um outro dia, ele me chamou para visitar o Piazza Duomo, em Alba, dizendo que o cara que estava lá, o Enrico Crippa, era um monstro. Visitamos a cozinha, falamos com os cozinheiros, ele tinha essas regalias. O restaurante estava aberto havia pouco tempo, não tinha estrela *Michelin* ainda, mas aquele jantar foi uma das melhores experiências da minha vida. Ficou tão marcado que saí de lá com uma ideia fixa: "Um dia vou trabalhar aqui". Não sabia como nem por quê, mas eu voltaria para lá.

## O RETORNO

**Após seis meses, voltei da Itália e reassumi meu posto** no buffet da minha mãe. Quer dizer, nunca mais voltei ao velho posto, já que agora me sentia muito mais bem preparado, cheio de ideias, querendo mostrar o que tinha aprendido.

Em maio de 2006, também passei rapidamente pelo restaurante Due Cuochi, do Paulo Barroso de Barros, fiquei um mês por lá. Na Itália, eu estava trabalhando em um mundo muito ideal, com cozinhas incríveis, com os melhores produtos na porta, então precisava sentir qual era a realidade de um restaurante no Brasil, em São Paulo, e o Paulo estava desenvolvendo um grande trabalho por aqui. Ficava de noite lá, só para olhar e ver o que as pessoas estavam realmente fazendo em termos de comida.

Em mais uma das imensas coincidências que marcam a minha vida, o brasato era um dos carros-chefes do Paulo, e eu havia trabalhado muito com isso, tanto que até já o havia incorporado no menu do buffet. Para se ter uma ideia, o fornecedor de carne para o brasato, o Freddi Carnes, que eu uso até hoje nos meus restaurantes, foi ele quem me indicou.

Foi legal ver a diferença de trabalhar em um restaurante em uma cidade pequena da Itália, apesar de ser duas estrelas *Michelin*, e em um restaurante em cidades gigantescas como São Paulo ou Nova York, onde o arroz invariavelmente vai ser pré-cozido. Só para exemplificar, ninguém em uma metrópole vai esperar você fazer um risoto do zero, ninguém vai esperar vinte minutos por um prato, como acontecia no Flipot. Não dá, é outra realidade. Eu precisava aprender mais, tinha necessidade de uma cidade grande.

Até que, um belo dia, eu estava fazendo compras no supermercado com minha mãe e dei de cara com uma revista, a *Wine Spectator*, que tinha uma matéria de capa: "Os Melhores Restaurantes Italianos nos Estados Unidos".

Comprei e me perguntei: o que será que tem de bom lá? Pensei que minha experiência em um dois estrelas poderia ser relevante em um restaurante em Nova York. É, confesso, já havia me focado naquela cidade, que tinha uns quatro ou cinco da lista dos cem melhores. Eu queria era pauleira. Como eles fazem com os ingredientes? Quantas pessoas há em uma cozinha dessas...?

Selecionei o Babbo, do Mario Batali, e o Alto, um restaurante novo, lindo, de um chef que tinha sido revelação em 2004, tinha ganhado como melhor novo restaurante em 2003 com outro restaurante – o L'Impero –, eram dois nomes que me agradavam muito.

Arrisquei e resolvi mandar um e-mail. Recebi resposta do Kevin Sippel, chef de cozinha do Alto, já que o Scott Conant, o chef-proprietário, tinha dois restaurantes e ficava mais atarefado. Havia pedido estágio de um mês e disseram:

– Vem aí.

– "Tem hospedagem?", perguntei.

– Não!

Eu ia precisar me virar, mas é duro você arrumar hospedagem em Nova York por um mês. Até há apartamentos para você alugar, mas são no mínimo por três meses. Acabei achando um em Manhattan, bem localizado, precisava só tomar metrô para ir ao restaurante, só que o proprietário pedia novecentos dólares, mas não queria fechar por um mês. Ofereci mil e duzentos dólares e ele topou. Fui para lá.

Carlos Bertolazzi

## Brasato al Vino Rosso

1 polpa de paleta

750 ml de vinho tinto seco

1 cebola

2 cenouras

2 talos de salsão

2 folhas de louro

1 ramo de alecrim

2 cravos

2 canelas em pau

10 grãos de pimenta-preta

1 anis-estrelado

**Preparo**

Amarre a carne com um barbante e a marine com o vinho, os legumes cortados grosseiramente e as especiarias, envolvidas em uma gaze, por 12 horas.

Retire a carne, coe o vinho, separando os legumes e as especiarias. Em uma caçarola grande, doure a carne com um pouco de óleo. Retire o excesso de óleo e doure os legumes. Retorne a carne à caçarola e adicione o vinho. Leve para fervura. Transfira a caçarola para o forno a 180 graus e cozinhe por cerca de 1 hora e meia, semitampada, ou até que a carne esteja bem macia. Retire a carne, coe e reduza o molho. Fatie a carne e sirva com o molho.

Gosto de acompanhar a carne com uma polenta cremosa.

## O CONCURSO - PARTE 2

**Paralelamente a tudo isso, eu continuava na ativa** no concurso do El Bulli. Como já tinha toda aquela coisa de comunidade no Orkut ligada à gastronomia – sempre aparecia alguém perguntando como fazia um bechamel e eu lá, sempre prestativo, ia e explicava –, percebi que essa poderia ser uma forma de fazer algo que eu já estava fazendo, mas agora estaria concorrendo a um prêmio. As pessoas entravam no fórum, comentavam algo, eu ia lá e replicava, ajudava, conversava, me metia em tudo quanto era conversa, coisa e tal, e ia somando pontos... Vou confessar: a página do fórum virou a tela inicial no meu computador. Crazy, eu?

Devia ter uns quatrocentos, quinhentos inscritos, mas ativos mesmo eram bem menos. Tinha chef conhecido, tinha chef premiado, e tinha eu! Também havia uma parte que era um desafio de receitas. Todos tinham que mandar sugestões – quatro ao todo – e você acumulava alguns pontos no cômputo geral.

E, quando saiu o primeiro resultado, da primeira receita, eu ganhei! Foi um ravióli de polenta com pato e figo.

Carlos Bertolazzi

## Ravioli de Polenta com Pato Recheado e Figo

**Polenta**

1 xícara de leite

½ xícara de farinha de milho

3 colheres (sopa) de manteiga

sal e pimenta a gosto

**Massa**

2 xícaras de farinha

4 gemas

2 ovos

1 colher (sopa) de azeite extravirgem

sal

**Pato**

4 coxas e sobrecoxas desossadas

1 peito de pato

1 xicara de creme de leite fresco

4 filés de foie gras

sal e pimenta a gosto

**Figo**

4 figos

½ xícara de manteiga

2 colheres (sopa) de açúcar

**Molho**

1 colher (sopa) de pinhole
1 colher (sopa) de uva-passa
½ xícara de manteiga

**Preparo**

**Para a polenta**

Aqueça o leite em uma panela e coloque a farinha de milho em chuva. Bata energicamente com um arame para que não forme grumos. Cozinhe por cerca de 40 minutos. Apague o fogo, ajuste o sal e a pimenta e adicione a manteiga, mexendo bem. Reserve.

**Para a massa**

Prepare a massa misturando a farinha com as gemas, os ovos, o azeite e um pouco de sal. Deixe descansar por cerca de 1 hora e abra a massa em tiras bem finas. Coloque colheradas de polenta ao longo de uma tira, umedeça com um pouco de água e coloque outra tira por cima. Corte os raviólis com um aro redondo e cozinhe em água abundante e salgada por cerca de 3 minutos.

**Para o pato**

Processe o creme de leite e o peito de pato sem a gordura para obter uma musseline. Ajuste o sal e a pimenta. Recheie a coxa e a sobrecoxa do pato com a musseline e coloque um filé de foie gras no centro. Amarre com um barbante e leve ao forno pré-aquecido a 130 graus até que fiquem douradas. Fatie e reserve.

**Para o figo**

Corte o figo em rodelas e passe no açúcar. Aqueça uma frigideira com a manteiga e doure os figos dos dois lados com cuidado. Reserve.

**Para o molho**

Aqueça a manteiga em uma frigideira e acrescente a uva-passa e o pinhole.

Monte o prato intercalando um ravióli, uma fatia de pato e uma rodela de figo. Regue com o molho e sirva.

> **NEW YORK, NEW YORK!**

**Cheguei lá em setembro de 2006** e o dono do local onde eu ia ficar era um velhinho, o Arthur, que era profissional em receber pessoas. O apartamento era minúsculo, com um quarto só, o qual ele alugava. Na sala, havia um sofá-cama e ele dormia lá enquanto recebia os hóspedes. Tinha mais uma mesa, a cozinha, o banheiro e acabou. Sempre que chegava, lá estava ele, dormindo todo torto no sofá, roncando. Na verdade, pensando agora, acho que ele era realmente torto por natureza.

Mas o cara era fera na arte de receber. Cheguei e tinha lápis, caderninho, roupão, sandália, caneca, tudo escrito: Chef Carlos Bertolazzi. Depois, ficamos amigos, cozinhei para ele, fiz feijoada, essas coisas.

Mas, por outro lado, as minhas pendengas continuavam, não tinha dinheiro e, ainda bem, que uns dois ou três vizinhos de bom coração deixavam o sinal de internet liberado, se não, eu ficaria louco. Virei especialista no assunto, sabia a hora que cada um usava a sua linha, que hora o sinal ficava mais lento e, quando aparecia algum usuário novo que não tinha senha, era uma festa para mim. Eu tinha minha dependência tecnológica, mas agora também era uma questão profissional; afinal, eu também tinha que participar do concurso do El Bulli, não podia parar.

Cheguei ao Alto e a primeira coisa que percebi: a cozinha era beeeeem diferente em termos de estrutura daquelas em eu tinha trabalhado na Itália. O Scott e o Kevin me receberam, começamos a conversar e eles logo ficaram me perguntando sobre a minha experiência no Flipot.

Colocaram-me para trabalhar no almoço, na praça de peixe, onde tive uma aula, já que quem trabalhava lá eram uns suecos, uns escandinavos, que dominam a arte de fazer peixe. A gente só selava a carne na parte da pele, tirava o peixe, colocava em uma travessa e punha na salamandra, que já cozinhava o interior do alimento também.

A quantidade de pratos que saía era uma coisa absurda, era tudo maior em todos os aspectos, e com o pessoal também: tinha um cara só para limpar carne, desossar e cortar, outro só para limpar peixe, um só para fazer massa, com duas turmas, uma para o turno da manhã, outra para o da noite.

E o sistema deles? As reservas eram interligadas ao sistema de comandas, então, todos os dias antes do almoço, o chef colocava todas as reservas em cima do local de trabalho dele e já sabia o perfil de cada cliente, quantas vezes já tinha ido ao restaurante, o que sempre pedia, qual era o gosto dele, e tudo com pequenas observações, como oferecer isso, oferecer aquilo. Era bem diferente do que eu tinha visto até então, era um ambiente bem mais profissional, se posso assim dizer.

## O FRANGO E A POLENTA

**No almoço, um dos pratos que mais saíam era um frango** com o qual eu fiquei admirado (e é o jeito como faço frango até hoje).

Você desossa o peito do frango e deixa só o supreme – que é o peito com a pele e só um ossinho –, só que a pele fica ligando a coxa e a sobrecoxa, que também são desossados. Ou seja, fica um peito, uma coxa e uma sobrecoxa todos unidos pela pele. Daí, você pega a frigideira, põe um pouquinho de óleo e pifffff, coloca a pele para baixo. A coxa e a sobrecoxa começam a dar uma encolhida. O forno está a uma temperatura bem alta, a mais ou menos duzentos graus. Quando a pele está crocante, a frigideira vai para o forno, ainda com a pele para baixo. Como o fogo está alto, o cozimento é rápido e não se perde muito líquido. Você corta, separa o peito, põe com o ossinho para cima sobre alguns legumes e pronto: é um frango maravilhoso!

De entrada, nada melhor que a polenta com cogumelos trufados, pela qual eu fiquei apaixonado. O Scott usa leite e creme de leite e faz uma espuma antes de colocar a polenta. Isso faz o prato ficar muito leve.

Carlos Bertolazzi

## Polenta Cremosa com Cogumelos Trufados

**Polenta cremosa**

2 xícaras de creme de leite fresco

2 xícaras de leite

1 ½ colher (chá) de sal

¾ xícara de farinha de milho

1 colher (sopa) de manteiga sem sal

2 colheres (sopa) de parmesão ralado

**Cogumelos trufados**

¼ xícara de azeite de oliva

1 cebola pequena

2 xícaras de cogumelos diversos fatiados

pimenta calabresa

½ xícara de caldo de frango

1 colher (sopa) de cebolinha francesa picada

1 colher (chá) de trufas em conserva

**Preparo**

**Para a polenta cremosa**

Em uma caçarola, aqueça o leite e o creme de leite em fogo médio até quase ferver. Coloque sal e bata até obter uma espuma na superfície. Adicione a polenta e continue batendo até começar a ferver. Reduza para um fogo muito baixo, tampe a panela e continue cozinhando, mexendo a cada 5 minutos, até a polenta estar muito cremosa, por cerca de 2 horas. Não se preocupe se a polenta tostar um pouco nas laterais.

**Para os cogumelos trufados**

Em uma frigideira, aqueça o azeite em fogo médio. Coloque a cebola cortada em fatias finas e refogue. Adicione os cogumelos e a pimenta calabresa e cozinhe até soltar líquido. Coloque o caldo de frango e deixe ferver. Reduza o fogo e cozinhe até reduzir o líquido. Antes de servir, coloque a manteiga e o parmesão na polenta como se fosse finalizar um risoto. Sirva com os cogumelos por cima, as trufas e a cebolinha francesa picada.

## ME DÁ UM ESTÁGIO?

**Como eu não trabalhava à noite** e tinha alguns domingos de folga, tive a oportunidade de conhecer vários restaurantes. Quando estava quase chegando ao fim do estágio, um cozinheiro lá do Alto, o John, me sugeriu ir a um almoço no Falai, de um chef italiano, o Iacoppo Falai, no Lower East Side, uma daquelas regiões de Nova York que estavam passando por uma renovação. Cheguei para o almoço no domingo, disse que tinha indicação do pessoal do Alto e fiz uma refeição memorável: um risoto delicioso, um brasato (mais uma vez) sensacional e o melhor de tudo: um suflê de maracujá com o qual eu morri! O que era aquilo?!

Conheci a cozinha, o chef e, inclusive, o cara que fazia esse suflê e que era amigo do John. Todos me trataram muito bem, me deram um monte de cortesias, me senti em casa. Era meu último domingo e estava já com a passagem marcada para voltar ao Brasil, mas o bichinho me mordeu de novo e pensei: seria muito bom se eu pudesse ficar aqui, nem que fosse ao menos uma semana.

Quando cheguei em casa, não pensei duas vezes. "Alô, Iacoppo? Aqui é o Carlos... Acabei de sair daí do restaurante... É o seguinte: estou acabando nesta semana um estágio no Alto e... É... Queria, sei lá, mudar minha passagem e ficar ao menos uma semana aí. Gostei muito do restaurante, achei a comida maravilhosa e a sobremesa... Eu queria aquele suflê surreal de maracujá." Fui aprovado!

Eu ia ficar no Alto até sexta-feira, mas conversei com o chef e fui liberado. No meu último dia de Alto, o Kevin e o Scott me ofereceram um jantar de despedida, naquele salão lindo, eu não podia negar... Mas havia um problema: eu tinha um show do Jamie Cullum para ir, às 20h30, com ingresso já comprado.

Como é costume nos Estados Unidos, fui jantar lá pelas 18h30 e me deram um menu degustação insano, gigantesco, com cada prato harmonizando com um vinho diferente. Foram três entradas, três massas, três pratos principais, queijos... A sobremesa eu neguei, para você ter ideia, eu negando sobremesa. Foi porco, peixe, carne, foie gras, que não eram do tamanho de um menu degustação, eram pedaços enormes...

Cheguei ao show, não aguentei ficar meia hora de tão bêbado que eu estava e de tanto que tinha comido. Mas foi uma grande despedida, um dos maiores carinhos que já recebi.

## OLD FRIENDS

**Em Nova York, reencontrei ainda o Steve e a Julia.** O Steve veio da Carolina do Norte, onde sua mãe vive e tem um restaurante. A Julia estava trabalhando em Nova York, mas morava nos Hamptons. Não aquele Hamptons das séries milionárias da tevê, mas em uma cidade qualquer com um nome indígena impronunciável.

Encontrei com o Steve à noite e combinamos de pegar o trem para visitar a Julia no dia seguinte. Não nos víamos havia muito tempo, então, bebemos para comemorar.

Na manhã seguinte, como havíamos combinado, fiquei esperando o Steve na Penn Station, de onde sairíamos para nos encontrarmos com a Julia. Dez minutos, vinte minutos, meia hora... Em vão! O Steve não apareceu. Embarquei!

Cheguei à cidade e logo fomos para um lago pescar. Confesso que costumo mais alimentar os peixes do que literalmente pegar um deles. Ficamos um tempo. Depois, eu e a Julia voltamos para a casa dela, enquanto os pais continuavam com a pescaria. Mais tarde, seguimos para Nova York, onde tentaríamos finalmente encontrar o Steve. Dessa vez, ele estava lá.

Fomos para uma festa típica no bairro de Little Italy. Ali estávamos nós três reunidos novamente. Faltava a Connie, faltava a Paula, mas já estávamos felizes por ter conseguido nos reunir. Obrigado, MSN Messenger.

Anos depois, pelo Facebook, recebi uma mensagem da mãe do Steve. Ele tinha sofrido um acidente. Teve que amputar as duas pernas. Liguei para ela e choramos muito juntos, enquanto ele permanecia sedado na UTI do hospital. Steve foi meu grande companheiro na Itália. Topava todas as experiências gastronômicas comigo. Viajávamos e nos divertíamos muito. Foi uma barra!

**FALAI**

**Na terça-feira, já estava no Falai, um restaurante pequeno,** de uns trinta, quarenta lugares, todo branquinho. Era mais longe de onde eu estava hospedado, em uma área mais nervosa da cidade, e só abria para o jantar. Passava o dia inteiro no pré-preparo, na parte de baixo do imóvel, eles tinham uma parte de massa muito, muito boa.

Era o segundo semestre de 2006 e foi o primeiro contato que tive com alguns equipamentos e técnicas mais modernos, muito por causa do Mauro Buffo, que já havia trabalhado no El Bulli por algumas temporadas.

Foi a primeira vez que vi um termostato roner, que permite criar uma temperatura constante, entre cinco e cem graus, para cozinhar em banho-maria. É muito preciso, a temperatura no recipiente é homogênea, o que garante uma cocção altamente controlada; é muito usado em *sous-vide*. Fiquei encantado com aquilo.

Lá eles faziam o que agora se chama de ovo perfeito: era um ovo cozido feito em uma temperatura mais baixa que cem graus, por um tempo rigidamente determinado, que fica com aquela clara gelatinosa, linda, e a gema escorria acetinada quando você corta... Fica um formato muito bonito, diferente do pochê, já que você cozinha com a casca.

Mudei um pouco meus conceitos e descobri que meu arroz preferido para o risoto é o vialone nano, em vez do carnaroli, principalmente quando você vai deixá-lo pré-cozido. Para restaurante, buffet, é o ideal, funciona muito bem, já que ele tem um cozimento um pouco mais prolongado, com uma janela de uso al dente um pouco maior. No Brasil, todo mundo usa arroz pré-cozido, é só você começar a notar quanto tempo o risoto demora para chegar a sua mesa. Se ele vai demorar vinte minutos só para ser preparado, são quase trinta minutos para ser servido. Quem espera esse tempo todo aqui no Brasil?

Até sou a favor de fazer tudo na hora e colocar no menu um aviso: "Esse prato demora meia hora para ficar pronto", mas quem vai aceitar isso?

E o suflê de maracujá? Ah, meu Deus, o suflê de maracujá... Eu, um chocólatra convicto, me render a um suflê de maracujá é porque realmente era demais, que textura... Feito 100% na hora: quebrava o ovo, fazia a ganache, batia a clara em neve, misturava, botava no forno, era tudo, tudo feito na hora! O risoto pode ser pré-cozido, a diferença quase não existe quando ele é bem feito, mas, no suflê, acho que a diferença era muito grande de uma coisa feita na hora ou não. Demorava, mas compensava.

A semana passou rápido demais...

## Suflê de Maracujá

2 colheres (sopa) de manteiga
¾ xícara de açúcar
2 colheres (sopa) de geleia de maçã
1 xícara de purê de maracujá
6 ovos
açúcar de confeiteiro

**Preparo**

Aqueça o forno a 210 graus (alto), unte 6 ramekins com a manteiga e polvilhe com um pouco de açúcar extra. Retire o excesso.

Misture ¼ de xícara de açúcar com a geleia de maçã. Em uma pequena panela, aqueça o purê de maracujá. Adicione o açúcar e misture bem com um arame. Abaixe o fogo e deixe reduzir até ¼, mexendo ocasionalmente.

Deixe esfriar e coe.

Prepare a base em um bowl grande misturando as gemas dos ovos com ¼ de xícara do purê reduzido. Adicione 3 colheres de açúcar e misture bem.

Em uma batedeira, coloque as claras e bata até que formem uma espuma. Adicione o açúcar e bata em neve. Incorpore as claras na base.

Distribua a mistura entre os ramekins e finalize com um pouco de açúcar de confeiteiro.

Coloque no forno por cerca de 10 minutos ou até o topo estar dourado. Coloque mais um pouco de açúcar de confeiteiro. Para servir, abra um pequeno buraco no topo do suflê e coloque algumas colheres do purê de maracujá restante.

## O CONCURSO - PARTE 3

**O resultado só sairia em fevereiro de 2007,** mas, com um pouco mais da metade do concurso, eu sabia que ninguém ia me alcançar, se eu mantivesse minha participação, era impossível alguém me alcançar.

Minha segunda receita – que eu lembro, mas não vou falar, pois era uma merda – ficou em terceiro lugar, mas nenhum dos que tinham pego a segunda ou a terceira colocação na primeira etapa tinha ganho na segunda. Parecia Fórmula 1, só eu é que havia pontuado nas duas etapas. Estava na minha mão.

Eu ficava pensando: "poxa, fui estudar, estagiei em um dois estrelas, estou trabalhando em Nova York, no Alto e no Falai, e agora tenho a perspectiva de estagiar no melhor restaurante do mundo? Está dando certo isso aqui!"

**Voltei ao Brasil e também voltei a trabalhar com a minha mãe** no buffet, que sempre me deu estrutura e liberdade para que eu pudesse ter esse aprendizado e, melhor ainda, pudesse colocá-lo em prática. Ainda não pensava em ter um negócio próprio, não me sentia preparado, pois eu queria aprender, aprender, aprender...

Eu não estava desempregado, pois tinha o buffet, e, ao mesmo tempo, podia fazer essas aventuras, ter essas experiências. Um grande beijo, dona Vera!

## COZINHA SEM SEGREDOS

Era engraçado, pois, ao mesmo tempo em que eu aprendia, precisava compartilhar aquele conhecimento todo, aquelas novidades todas que estava vivendo... E era o tempo do Orkut. Eu fazia parte de várias comunidades do gênero, mas a que eu mais participava era a CSS, "Cozinha sem Segredos". Na realidade, eu era moderador, com o Renê. Na CSS, a gente se dedicava a esclarecer para os participantes todas as dúvidas que eles tivessem.

E, nesse sentido, o Renê era um craque, talvez uma das maiores enciclopédias de conhecimento gastronômico que já conheci e com quem tive o prazer de aprender e compartilhar bons momentos à mesa.

Sim, porque, a coisa extrapolou o virtual. Nos encontrávamos religiosamente, com a participação assídua também do Don Mark, um chinês que trabalhava com cosméticos, mas manjava muito de comida, todos os domingos para preparar almoços épicos. Saíamos também percorrendo a cidade toda atrás do melhor hambúrguer, experimentávamos, fazíamos as nossas avaliações, descobríamos legítimos tesouros e encontrávamos verdadeiras roubadas. Hambúrguer gourmet? Hambúrguer com foie gras, trufas e chutney de manga? Em 2007, a gente já estava fazendo isso. Quem diria...

Ah, e o Renê ainda fazia suas próprias cervejas. Tudo isso no porão da sua casa, que contava ainda com uma autêntica masmorra, que é como gostávamos de chamar uma salinha onde ele guardava preciosos vinhos e onde tomávamos absinto até acordar no dia seguinte deitados no chão.

## O SEGUNDO RETORNO

**Resolvi sossegar um pouco,** juro que eu queria sossegar, mas, em fevereiro, já sabia que estava com a viagem garantida para o El Bulli. Ia em setembro para ficar um mês. Nessas coincidências da vida, eu, todo certinho, morando com a namorada, me separei em julho, era o fim de um relacionamento de três anos, exatamente toda minha fase de transição. Fiquei mal para caramba, mas, ao mesmo tempo, a pulguinha veio me azucrinar de novo: "Poxa, você está sem mulher, largado, com passagem marcada para a Espanha... Vai voltar para quê?".

Não é que era verdade. "Já que vou estar lá, será que não consigo mais nada na Europa?", ficava pensando horas e horas. Entrei em contato com o diretor do ICIF, que havia saído da escola, para ver se ele não me arrumava um novo estágio na Itália, em algum restaurante dos camaradinhas dele.

O diretor me passou um contato de um cara, que tinha uma estrela *Michelin* e era no Piemonte também. Mandei um e-mail para ele, que me respondeu falando que ia ver a possibilidade e tal, mas não me deu nenhuma resposta.

Caiu a ficha e lembrei do Piazza Duomo. Também mandei e-mail, falando que ia ao El Bulli antes e blá blá blá... O próprio Enrico Crippa me respondeu: "Sim. Pode vir".

Uhuuuuu!!! Eu ia voltar ao Piazza Duomo (pelo menos era o que eu achava).

Quando já estava com as malas prontas para embarcar para a Espanha, com as passagens todas trocadas, recebi a resposta do restaurante que o diretor indicou, dizendo que eu poderia ficar lá. Mas, por preferência pessoal, o Piazza Duomo era meu sonho. Mandei novo e-mail para o Crippa, falando que no dia 5 de outubro eu chegaria e coisa e tal... Mas ele não me respondia.

Eu não sabia o que fazer. O cara sumiu. Ferrou. E eu tive de ficar enrolando o outro cara. Quando cheguei à Espanha, liguei para o Piazza Duomo. O Crippa atendeu.

– Ciao, Crippa, é o Carlos, tudo bem? Te mandei um e-mail em agosto para confirmar minha ida, como a gente tinha combinado, está tudo certo, né?

– ...............................................

Foi um silêncio sepulcral que deve ter durado menos de três segundos, mas que, para mim, pareciam séculos.

– Ahhh, é que em agosto estávamos de férias, mas está tudo certo, pode vir.

Ufa, lá vou eu!

## DÚVIDA CRUEL

**Primeira parada: Roses, cidade do El Bulli,** a 157 km de Barcelona.

Logo no primeiro dia lá, encontrei a Paulinha, aqueeeeela Paulinha, lembram? Isso, a garota com a qual eu estudei e que, depois se uniu a mim e aos três americanos e fizemos uma turma... Pois bem, a Paulinha.

Ela estava trabalhando em Barcelona, combinamos por Skype (de novo, a tecnologia salvando minhas relações). Ela passou no hotel onde eu estava hospedado e fomos almoçar. A gente passou o dia inteiro juntos – "Que saudade e coisa e tal" – e combinamos de jantar. Eu estava solteiro e, obviamente, com segundas intenções.

Interfonei, pois ela tinha se hospedado no mesmo hotel em que eu estava, a Paulinha desceu e, quando vi, ela estava com a bagagem na mão.

Ué, a gente não vai jantar?

– Carlos, você não tem noção do que aconteceu. Estou morando em um apartamento em Barcelona com uma amiga minha. E a porta é daquelas que, quando fecham por fora, tranca. Minha amiga foi dar uma conversadinha com a vizinha da frente... E a porta fechou... E só eu tenho a chave, então, vou voltar para Barcelona.

Eu lá, com todos meus planos românticos, só pensei: "Ela está me tirando".

O fato é que lá fui eu com ela até o ponto de ônibus, e ela realmente voltou para Barcelona. E, até hoje, não sei se a história que ela me contou era verdadeira.

## O MELHOR RESTAURANTE DO MUNDO

**Comparando com todas as experiências** pelas quais já tinha passado, no El Bulli eu levaria uma vida de marajá: a passagem foi paga, eu teria hospedagem em um hotel e mais mil euros em dinheiro para gastar com o que quisesse.

Comigo havia um israelense, o Avner, porque ele era um grande cliente da fábrica do azeite em Israel e também estava indo fazer o estágio. Virou um grande parceiro, e, por sinal, foi com quem fui jantar no "dia da Paulinha".

No primeiro dia, tínhamos de estar pontualmente às 14h no restaurante. O problema é que ele não ficava na cidade. Para chegar até lá, precisávamos pegar uma estradinha, sinuosa pra caramba, com penhasco, até chegar à praia onde o El Bulli ficava, como uma encosta à beira de uma praia. Não havia transporte público para lá.

Fomos de táxi, chegamos, ficamos lá olhando e todos estavam em uma movimentação frenética, e nós não sabíamos nem com quem falar. Veio o chef-executivo, o Albert Raurich, que virou e disse.

– O vestiário é ali, se troquem e vamos trabalhar.

> **CONSTELAÇÃO**

**Quando a gente vai para o El Bulli,** acha que vai chegar lá e encontrar tudo o que a gente nunca viu neste mundo, como se estivesse na Nasa, mas não era bem assim... O roner que tinha lá, que eu já havia visto no Falai, quebrava de quatro em quatro dias. O thermomix era da primeira geração ainda. O mixer de mão era normal, aquele que se usa em casa, que se compra em supermercado. O extrator de suco era horrível... Para minha surpresa, não havia um forno combinado, como eu tinha usado no Alto, no Falai, no Flipot...

Por outro lado, logo no meu primeiro dia, o restaurante recebeu duas visitas ilustres: o Juan Mari Arzak e o Pedro Subjiana, dois chefs três estrelas *Michelin*. Eles participaram do almoço e ficaram com uma maquininha tirando fotos, com um bloquinho de anotações, falavam com os estagiários, tiravam foto, anotavam tudo. Era um grande intercâmbio. É óbvio que depois todo mundo quis tirar fotos com eles, por sinal, foi minha primeira foto no El Bulli. O dia em que estavam nove estrelas *Michelin* na cozinha, contando o Ferran Adriá.

Comecei bem.

É NOZES

**No espaço que eles chamavam de cozinha grande,** havia no meio uma mesa central comprida, de uns vinte lugares, com as pessoas fazendo as atividades do dia, cercadas de fogões pelos dois lados e com uma das pontas dando para o passe, que é onde são entregues os pedidos para serem liberados pelo chef e levados pelos garçons. Sofri, mas sofri mesmo nessa mesona.

Tínhamos de fazer de tudo, desde limpar pistache até anchova. Só que o pistache lá não vem na casquinha, como estamos acostumados a ver por aí. Lá vem o fruto inteiro, dentro da casca, casca mesmo. A noz também chegava dentro do fruto. Tinha que tirar a primeira casca, para depois tirar a casquinha com a qual estamos acostumados, para depois tirar de dentro a pele sem quebrar nenhum chifrinho da noz. Tinha de sair inteirinha. O pistache também: tinha de sair verdinho, sem quebrar nem um pedacinho. Para mim foi impressionante, já que nem sabia que havia mais cascas em um pistache ou em uma noz.

E o mexilhão, os mariscos? Pelamordedeus! Não podia ter um grão de areia! Tínhamos que abrir com todo o cuidado do mundo, já que não podia rasgar nada, nem um pedacinho sequer, senão era descartado. Só a anchova era um pouquinho pior. Tinha de pegar, tirar os espinhos, mas sem dilacerar a carne. Não podia ficar um espinhozinho e não podia tirar um naquinho de carne. Ah, era bem fácil, viu?

Sem dizer que as anchovas eram limpas em cima de uma placa que ficava em cima de uma cuba com gelo, sempre em contato com o frio. Dependendo da atividade que você ia fazer, tinha de ficar dentro da câmara fria; cansei de fazer limpezas de algas lá dentro, ficava horas lá dentro com aquele casacão, parecia um esquimó.

## QUEMO, QUEMO

**Existia um mantra na cozinha** que absolutamente todos diziam. Ou melhor, gritavam: "Quemo, quemo, quemo", parecia uma regra de trânsito no meio daquela movimentação toda, que é quando passam atrás de você com coisas quentes para você não virar e esbarrar. Quantas e quantas vezes fui dormir com aquele "quemo, quemo, quemo, quemo, quemo" na cabeça...

Pior é quando se usava nitrogênio – que fica a -196 °C e queima de tão frio que é –, e isso era muito corriqueiro na cozinha do El Bulli. O mantra, então, ganhava uma palavra a mais: "quemo nitro, quemo nitro", que eu, mesmo não falando espanhol com perfeição, traduzia do melhor modo como "cuidado, cuidado mesmo, pois, se derrubar isso aqui, vai dar uma merda enorme".

> **JOGOS MORTAIS**

**Se nunca me queimei seriamente, não posso falar que não corri riscos** várias vezes no trajeto de ida e vinda do restaurante para o hotel em que estava hospedado. Como disse antes, tínhamos de pegar uma estradinha para lá de sinuosa, sem qualquer tipo de transporte público. A solução era ficar em uma esquina onde essa estradinha começava e esperar que alguém passasse – um cozinheiro, o cara do vinho, um garçom –, para dar carona para nós. Logo no primeiro dia, eu e o Avner tínhamos ido de táxi, pois não conhecíamos ninguém. Na volta, ficamos naquela ansiedade para ver quem poderia dar carona para a gente. A escolhida, ou melhor, quem nos escolheu, foi a loirinha da seção de confeitaria.

Tinha de subir o morro e depois descer... Na subida, até que foi tudo tranquilo, mas, na hora da descida... Meu amigo, aquela garota foi num pau que juro que não sei como estou aqui para escrever. A estrada era de duas mãos, mas ela usava o asfalto como se fosse só de uma, ia cantando os pneus, com quatro pessoas dentro do carro. Uma coisa ficou bem nítida na minha cabeça: eu nunca mais ia pegar carona com aquela mulher. Uma semana depois, ela bateu o carro. Eu não estava junto.

> **O INCRÍVEL DEVORADOR DE ALHOS**

**Na hora da preparação, eu costumava ficar nessa mesona** com os demais cozinheiros, ajudando no que fosse preciso. Mas, na hora do jantar, ia para a cozinha fria, que ficava à parte, e, com outros dois brasileiros, um deles, o Daniel, que reencontrei novamente no Brasil em um evento para uma operadora de celular, era responsável por um único prato de todo aquele repertório. Isso mesmo, um único prato para a gente montar.

Eram as navajas, uma espécie de molusco, que iam junto de uma salada de algas com espuma de limão siciliano. Fácil, né? Tá bom. A montagem do prato era muito, muito trabalhosa, já que cada alga devia ser colocada exatamente na mesma posição, e em três fileiras, e as navajas iam no meio. Havia um prato modelo e a gente tinha que duplicar. Lembrando que eram essas algas que eu ficava porcionando na câmara fria o dia inteiro.

Havia mais de cinquenta pessoas na cozinha, então, na hora da correria, o Albert ficava no passe na maioria das vezes. Cada mesa tinha quarenta pratos, então, quando começavam a chegar os pedidos, a tensão era grande. "Ajo coco", eu sempre ficava esperto, pois era o prato que antecedia o nosso.

— Navajas! Marcha 6! – Lá íamos nós aprontar seis pratos.

Depois, saíam alguns pratos acolá, os da cozinha grande vinham na sequência e, logo depois, vinham os pratos da confeitaria.

No caso do "ajo coco", trata-se de um conjunto de vários tipos de alho, entre os quais o alho negro – fica umas três semanas fermentando em uma estufa a uma temperatura exata para ganhar um sabor doce, balsâmico – com leite de coco. Aqui, tenho de fazer uma pequena confissão: além de ser o prato que era o nosso sinal de alerta, era o que eu mais gostava de fazer o pré-preparo. Ficávamos na mesona (de novo ela!) e, enquanto eu selecionava o alho negro, comia muito! Adorava, adorava, adoro. Eu comia simplesmente todos os alhos negros que estavam fora do padrão.

## VOCÊ SABE O QUE É CAVIAR?

**Como vocês podem ter percebido, sou um cara com facilidade** para fazer amizades, então, tinha também meus amigos da sala do caviar.

Primeiro, vou explicar que diabos é isso. O Ferran criou uma máquina na qual ele fazia, através do processo da esferificação, pequenas ovas de azeite de oliva extravirgem, que ficavam muito parecidas com caviar. Na verdade, era uma encapsuladora, com a qual ele conseguia colocar azeite, com tinta de lula para ficar preto, dentro de uma "ova", que era uma membrana feita de alginato e cálcio. Você colocava na boca e explodiam os sabores, com aquela textura de caviar, mas com o gosto do azeite.

Pois bem, lá nessa salinha onde a gente produzia o tal do caviar, havia dois rapazes, de um eu não me lembro o nome, o outro era o Dante Liporace, um argentino com o qual vou me encontrar mais tarde nas andanças da vida. Ele era o cara que mais manjava dessa máquina e fazíamos até apostas de quem conseguia fazer mais caviar em um dia, já que a máquina entupia, parava, daí não saía do tamanho certo...

Mas, o que realmente dava raiva, que fazia a gente querer morrer, era quando voltavam os potinhos de caviar para a gente lavar, já que sobrava muito. Da latinha toda, os clientes pegavam uma colherzinha e jogavam o resto fora, ou seja, uns 70% do produzido ia para o lixo. Quando eu lembrava o trabalho que tinha dado para fazer tudo aquilo, só queria matar alguém. Às vezes, só às vezes, para não perder o costume, eu comia alguns... Mas não era como o alho negro.

Por sinal, o desperdício era uma coisa que me assustava no El Bulli. Para se fazer uma água de parmesão, por exemplo, era derretida com água uma peça enorme de parmegiano reggiano reserva de sete anos e o queijo passava seu sabor para a água. Você, então, coava, passava o líquido por um processo de filtragem para ficar parecido com um espumante, tanto que era, inclusive, servido em taças. Mas você ainda tinha a parte do queijo derretido que não havia se misturado à água, e eles jogavam tudo fora. Aquele queijo todo, porca miséria!

Obviamente, sempre que conseguia um pedaço de pão eu ia lá aproveitar os "restos" do preparo e fazer meu queijo quente.

## HAJA PECADO

**Vamos voltar ao Avner, que era um completo xarope** – no bom sentido da palavra, se é que isso existe. A gente estava fazendo melocotón, que são pêssegos vermelhos: pegávamos uma seringa, íamos colocando o suco em pequenas bolinhas dentro do nitrogênio, que soltava uma fumaça desgraçada. Depois de congelados, tirávamos e colocávamos uma bacia ao lado, também hiper-resfriada.

Toda criança sabe que, ao se chupar um picolé muito gelado, ele gruda na língua, não sabe? Pois bem, o Avner parece que não sabia. Ele, não sei por quê, colocou a mão nessa bacia com as frutas congeladas. Logicamente, elas grudaram na luva de látex que ele estava usando. No desespero, eis que ele teve uma ideia brilhante e colocou a mão dentro do nitrogênio. Todos ficamos assustados, puxei a mão dele lá de dentro e fiz a coisa mais sensata: tirei a luva da mão dele. Mais calmo após o susto, ele só disse: "Não é que você teve uma boa ideia!".

Em outra ocasião, fomos a Barcelona, passeamos pelas Ramblas, tipo turistão mesmo, e fomos à Boquería, o mercado. Compramos jamón, um belotta, o melhor que tinha, pois queríamos fazer um tremendo piquenique ao voltar para Roses. Compramos um puta queijo espanhol, um puta vinho, compramos cigarros para ele, tudo perfeito.

Chegando a Roses, montamos um esquema na praia, fizemos uma espécie de luau... Romântico... Só que não. De repente, me atentei à cena e não me aguentei.

– Pô, Avner, olha só para você: judeu e comendo porco, ainda mais com queijo.

Ele acrescentou:

– Com agravantes: bebendo e fumando!

Comecei a dar risada da situação e da cara de pau dele, quando o Avner completou:

– E o que é pior, hoje é Yom Kippur!

Para quem não sabe, é o Dia da Expiação, um dos feriados mais sagrados para os judeus, com jejum de 25 horas e oração intensa.

Dei mais risada ainda.

## CASAMENTO VIRTUAL

**Ao entrar no elevador do hotel para descer para o café da manhã**, percebi que o casal que já estava lá dentro tinha parado de falar. Para quebrar o gelo, soltei a boa e velha pergunta: "Brasileiros?".

Sim, Lisaneas e Patricia são brasileiros e estavam morando em Barcelona. Conversamos longamente durante o "desayuno" e dei dicas de lugares para eles irem quando estivessem em Roses. Ainda ofereci a possibilidade de tentar uma mesa para eles no El Bulli, sendo que eu mesmo tinha pouca certeza se conseguiria tal façanha.

Trocamos e-mails, telefones, aquela coisa toda, e não nos vimos mais.

Certo dia, recebo um e-mail da Patricia perguntando se eu me interessaria em fazer o casamento do filho deles. Marquei, então, uma reunião com a mãe da noiva, a Edna, em São Paulo. Só que o casamento era para lá de inusitado. Quem eram os noivos? Bem, a Sarah estava morando em Nice, no sul da França, pois tinha ido atrás do Rafa, que já havia morado na Alemanha, ficou seis anos em Londres, mas tinha sido transferido para Xangai, na China, só a 9 mil km de distância.

A história deles, que tiveram o primeiro casamento virtual registrado no mundo, em abril de 2008, fez sucesso e foi bem documentada, até mesmo pelo "Fantástico".

Eu estava no C.U.C.I.N.A. e fiz o buffet da festa de casamento no religioso, marcado para agosto daquele ano. Sim, dessa vez, os noivos apareceram de verdade e se casaram "normalmente".

O menu do casamento foi uma viagem no tempo, mais precisamente para a corte, com cardápio de inspiração clássica francesa, com pratos tradicionais como o Coq au Vin.

Carlos Bertolazzi

## Coq au Vin

1 frango inteiro
½ garrafa de vinho tinto
¾ xícara de bacon em cubos
2 xícaras de cogumelo-paris
12 cebolinhas descascadas
2 dentes de alho amassados
2 cenouras
azeite extravirgem
manteiga
1 ramo de tomilho
1 ramo de alecrim
2 folhas de louro
sal e pimenta a gosto
salsinha a gosto

**Preparo**

Limpe o frango e corte-o em 8 pedaços. Coloque em uma assadeira funda e cubra com o vinho. Adicione as cebolinhas, a cenoura descascada cortada grosseiramente, o tomilho, o alecrim e o louro. Cubra e coloque na geladeira por 12 horas.
Separe os pedaços de frango dos vegetais e coe o vinho. Doure os pedaços de frango em uma caçarola com um pouco de azeite, tempere com o sal e a pimenta e retire-os. Na mesma caçarola, coloque o alho e os vegetais e doure

por alguns minutos. Retorne o frango e cubra com o vinho. Aqueça até ferver. Abaixe o fogo, tampe e cozinhe por aproximadamente 2 horas.

Em uma frigideira, doure o bacon, a cebola e os cogumelos. Quando o frango estiver pronto, adicione-os à caçarola e cozinhe por mais 3 minutos. Ajuste o sal e tempere com a pimenta. Adicione a salsinha e sirva com arroz ou batatas.

> **RAFA'S**

**Estava lendo o livro do Ferran Adrià** e vi que um dos restaurantes que ele mais gostava de ir em Roses era o Rafa's. Resolvi ir lá conhecer. Na verdade, era uma espécie de peixaria, com uma vitrine e uma chapa atrás. Todos os dias chegavam peixes fresquíssimos que eram feitos "a la plancha". O camarão tinha gosto de camarão e mais nada. Era um sabor autêntico.

Para você ver como as coisas são engraçadas... No caixa do restaurante, tinha uma lata de arroz Acquerello, que é o melhor arroz do mundo para risoto.

– O que essa lata de arroz está fazendo aí? – perguntei.

– Foi presente de um chef italiano, que está morando em Nova York... Por sinal, trabalhou no El Bulli também.

– Qual o nome dele?

– Mauro.

– Mauro Buffo?

– É.

– Não acredito, Rafa! Há exatamente um ano, eu estava em Nova York trabalhando com ele no Falai, ele me disse que havia trabalhado no El Bulli, blá blá blá. Mas o que você está esperando para fazer esse arroz?

– Que um outro chef italiano venha fazê-lo aqui.

Era a deixa que eu precisava. Combinamos de um dia eu chegar ao restaurante por volta do meio-dia, já que entrava às 14h no El Bulli, e ele me perguntou do que eu precisava. Pedi o camarão mais fresco que ele conseguisse e que preparasse um caldo de frutos do mar.

Quando lá cheguei no dia combinado, estávamos eu, o Avner, o Rafa e a mulher dele, o cheiro que tomava aquele lugar era algo indescritível, de um caldo que eu nunca tinha visto na vida, com camarões gigantes e o melhor arroz do mundo. Comprei açafrão espanhol, endívia, fizemos os camarões na plancha... Não tinha como dar errado. Foi o prato que eu tive mais prazer em fazer em um mês no El Bulli. Mas que eu comi no Rafa's.

Carlos Bertolazzi

## Risotto do Rafa

2 xícaras de arroz carnaroli
½ cebola
1 dente de alho
1 xícara de vinho branco
¾ xícara de manteiga
1 litro de caldo de peixe
4 endívias desfolhadas
1 colher (sopa) de açúcar
12 camarões grandes limpos
raspas da casca de 1 laranja
sal e pimenta a gosto

**Preparo**

Em uma frigideira, derreta uma colher de sopa de manteiga e refogue as folhas de endívia. Acrescente o açúcar, tampe e cozinhe em fogo baixo por cerca de 20 minutos. Caso necessário, acrescente um pouco de água. Reserve.
Pique a cebola e o alho e refogue-os numa caçarola com 2 colheres de manteiga. Adicione o arroz e toste por cerca de 2 minutos. Adicione o vinho branco, mexa e deixe-o evaporar. Comece a adicionar o caldo de peixe e cozinhe o arroz até que esteja al dente. Quase no fim, acrescente as endívias e as raspas de casca de laranja. Ajuste o sal e a pimenta e coloque o resto da manteiga para dar brilho. Tempere os camarões com sal e pimenta e doure dos dois lados em uma frigideira com um pouco de azeite e sirva com o risoto.

> **RASPA DO TACHO**

**Um dia no almoço, comi a tal da salsa romesco!** Que coisa boa, era divina, de lamber os dedos. Eles usam um tipo de pimenta lá da Espanha, que se chama ñora, feita com tomate, amêndoa, avelã, alho, pão...

Além de desfrutar daquela delícia, foi a hora em que eu tive mais contato com o Ferran Adrià, no bom e no mau sentido. Acabada a refeição, fiquei sozinho na cozinha pequena, quando tive uma grande ideia: pegar pedaços de pão para raspar o fundo da travessa com a salsa, já que eu não ia desperdiçar aquela maravilha. Estava lá eu, deliciando-me com meus pequenos nacos de prazer, quando entrou na cozinha ninguém menos que o Juli Soler e me pegou com a boca na botija, ou melhor, na salsa romesco.

Não sabe quem é Juli Soler? Apenas o outro sócio do El Bulli. E o que ele queria na cozinha? Pegar mais salsa romesco para os convidados e para o Ferran acabarem o almoço.

Só de sacanagem, ele me levou para a mesa onde estavam todos e disse:

– Olha só quem está comendo toda a nossa salsa – e todos deram risada.

Se, por um lado, passei uma vergonha imensa, por outro, serviu para quebrar um pouco o gelo, deixar aquela coisa impessoal de lado. Tanto que, quando fui me despedir, peguei o livro do El Bulli e levei para todos assinarem para mim. O Juli escreveu: "Gracias e até a próxima oportunidade de desfrutarmos um romesco juntos". Virei o papa-romesco!

## Salsa Romesco

1 fatia de pão sem casca torrada
2 pimentões vermelhos
1 cabeça de alho
2 tomates italianos maduros
2 colheres (sopa) de amêndoas
2 colheres (sopa) de avelãs sem casca
1 pimenta-dedo-de-moça
1 xícara de azeite de oliva extravirgem
½ xícara de vinagre de vinho tinto
sal e pimenta

**Preparo**

Asse lentamente os pimentões, o tomate e o alho no forno médio com um pouco de azeite para que caramelizem lentamente sem queimar. Passe rapidamente as amêndoas e as avelãs pela água fervendo e tire a pele.
Passe tudo em um processador com a pimenta e o pão e adicione lentamente o azeite e o vinagre. Quando a salsa estiver bem emulsionada, ajuste o sal e a pimenta.

> **USINA DE CRIAÇÃO**

**Sempre dizemos que a confeitaria é química,** e a cozinha é alquimia. No El Bulli, talvez pelo fato de o Albert Adrià, irmão do Ferran que tem um lado bem mais confeiteiro, ser o pilar de criatividade, em alguns aspectos a cozinha deles tem uma parte técnica e de precisão bem mais parecida com a confeitaria, só que na parte salgada também. É um tal de mistura vinte gramas disso com trinta gramas daquilo, mexe a 37 graus no thermomix, blá blá blá... E pronto.

Para tudo eles tinham um molde. Tinha uma caixinha só com moldes, onde havia, por exemplo, um cubo de maçã em epóxi pintado de uma cor tal e tinha de sair daquele jeito. A barriga de tal peixe tem de ser em tal formato, o alho negro é um dente daquele jeito lá.

Obviamente que você é exposto a um leque de ideias e de técnicas absurdo. Era o auge da esferificação, o começo de tudo, e poder provar a esferificação perfeitamente bem feita, como a que ele fazia de azeitona verde, era algo fantástico para mim. Ao mesmo tempo, eu sabia que não ia sair de lá e fazer aquela cozinha, sabia que não ia sair de lá e copiar as receitas, então, para mim, era aproveitar a experiência apenas, conquistar um repertório cada vez maior de sabores, texturas e combinações.

Uma das comidas mais interessantes e, ao mesmo tempo, inusitadas que experimentei lá foi a framboesa com wasabi. A fruta era coberta com uma camadinha bem fina de açúcar, com um pouco de wasabi e uma colher de vinagre de framboesa. Já usei isso muitas vezes, de diferentes maneiras.

Ao mesmo tempo que aprendi muito lá, havia uma coisa esquisita no El Bulli. Não sei se por causa de como foi concebida, ou pelo fato de todos os fogões serem elétricos, o que posso dizer é que faltava fogo naquela cozinha. É, faltava aquela coisa do fogo. Mas, sem dúvida, foi uma grande experiência...

Carlos Bertolazzi

### Sorbet de Framboesa com Wasabi

2 xícaras de framboesa congelada
2 colheres (sopa) de açúcar
1 colher (chá) de wasabi

**Preparo**

Coloque as frutas ainda congeladas em um liquidificador potente e bata com o açúcar e o wasabi. Transfira para um bowl e mexa com uma espátula para que fique bem cremoso. Sirva imediatamente ou guarde no freezer por alguns minutos.

> **ARRIVA BRASILIANO**

**O velho cenário se repetia: desci da estação de trem,** fui arrastando a boa e velha malona pelas ruas de Alba, procurando o Piazza Duomo. Mentira, eu já havia trocado a mala dos meus tempos de estudo, quando estive lá pela primeira vez. Mas o que mais me impressionou logo de cara foi que tudo naquela cidade cheirava a trufa, pois era temporada, e pensei comigo mesmo: "Meu Deus do céu, vou morrer aqui".

Enfim, cheguei ao restaurante para o qual um dia eu disse que voltaria e realmente eu estava de volta. A entrada é difícil de achar, pois fica em uma rua estreitinha que sai de uma praça. No térreo, fica o La Piola, uma espécie de restaurante mais rápido, mais descolado do Piazza Duomo, que fica em cima. O salão da Piazza é bem pequeno, em um tom de salmão, meio pastel, com uns afrescos modernos, mas interessantes, nas paredes laterais e no teto, feitos por pintores locais. Não tinha mais do que oito mesas, sempre com as redondas do lado esquerdo e as quadradas à direita. Se as inverteram algum dia, não sei, mas no período em que fiquei lá eram assim. O salão era bem iluminado, pois tinha janelas verticais bem grandes pelas quais você conseguia ver a cidade. E que briga era para conseguir as mesas ao lado dessas janelas...

A primeira coisa que fiz foi tirar uma foto de um calendário com datas marcadas, onde eu vi um recadinho no dia 5 de outubro de 2007: "Arriva brasiliano". Uhuuu, era eu mesmo! Só para vocês entenderem, um pequeno resumo: o Enrico Crippa, o chef, é sócio da família Ceretto, que é uma vinícola enorme na região. Lembra aquele Barolo que o Walter me deu no Flipot para trazer para o Brasil no Natal? Então! Era dele. Mais uma coincidência? No meio de um dos vinhedos, havia uma casa na qual ficavam alguns funcionários e estagiários tanto da vinícola quanto do restaurante e era lá que eu ia morar por um mês.

Um dos rapazes que trabalhavam no Piazza Duomo me levou de carro até esse alojamento, disse para eu descansar, desfazer a mala, que eles iriam fazer o horário do almoço e que, no fim da tarde, umas 18h, eu ia para o restaurante e que o Crippa estaria lá para me receber.

O Crippa tem mais ou menos a minha idade, é magrinho, careca, com aquele bigode e cavanhaque excêntricos e, sem dúvida, é o maior chef com quem já trabalhei. E digo chef no sentido mais forte da palavra. Era sempre o primeiro a chegar, o último a sair, trabalhava todos os dias em que o restaurante não abria e executava tarefas como qualquer outro. Como trabalhou três anos no Japão, ele fazia questão de limpar os peixes que chegavam sempre hiperfrescos, abria vieiras, descascava topinambur... Não tinha tempo ruim para ele. Além disso, ficava 100% do tempo na cozinha ou ali perto. Para não falar que ele esteve no restaurante todos os dias durante o mês que fiquei lá, teve um dia, um único dia, em que ele não estava porque tinha ido a um evento em Roma. Foi a experiência mais linda que tive!

Ao mesmo tempo, ele era muito aberto para ouvir o que você tinha para dizer, afinal, eu havia acabado de sair do El Bulli e essa troca de experiências era fenomenal.

## AS MAÇÃZINHAS

**Um ingrediente que ficou marcado nessa minha relação com o Crippa** foram as maçãzinhas verdes que eu tinha aprendido a fazer no El Bulli. Eu pegava, cortava as frutas em cubos perfeitos, extraía o suco em um juicer, colocava ácido cítrico para não perder a cor, embalava a vácuo e deixava 24 horas. A maçã absorvia aquele suco e ficava com uma cor parecida com um verde kriptonita. Comecei a fazer vermelha, amarela, juntávamos todas as cores e brincávamos com esses pratos.

Naquele tipo de restaurante, vai gente com certa assiduidade, que conhece o cardápio inteiro, conhece tudo que tem à disposição, então, ele tem que inventar na hora. Um belo dia, ele me pediu: "Carlo, Carlo, cadê tuas maçãzinhas? Faz para hoje à noite!" Deixei tudo pronto e, na hora H, colocamos em uma receita que ele fez com vieiras.

Quando o prato saiu, estava lindo. Ele me olhou e acenou com a cabeça, dando-me parabéns. Missão cumprida!

Ainda hoje uso essas maçãzinhas em algumas receitas, sendo a mais popular o Magret de Pato ao Calvados com Creme de Batata, Maçã Verde e Radicchio.

## Magret de Pato ao Calvados com Creme de Batata, Maçã Verde e Radicchio

**Cubos de maçã verde**

2 maçãs granny smith

suco de ½ limão-taiti

**Radicchio**

1 colher (sobremesa) rasa de manteiga

1 radicchio desfolhado

2 colheres (sopa) de açúcar

**Creme de batata**

4 batatas asterix médias

1 xícara de leite

1 xícara de água

1 ramo de tomilho

3 colheres (sopa) de manteiga

sal e pimenta-do-reino

**Peito de pato**

½ xícara de calvados

½ xícara de vinho tinto seco

1 xícara de caldo de pato

50 ml de vinagre de maçã

½ xícara de açúcar

2 peitos de pato
1 colher (chá) de azeite
sal e pimenta-do-reino

## Preparo

### Para os cubos de maçã verde
Descasque as maçãs, corte-as em cubos e coloque tudo numa tigela cheia de água com o suco de limão para não escurecer. Use a casca e as aparas para fazer um suco passando pela centrífuga. Coloque tudo em uma embalagem, feche a vácuo e ponha para macerar por 24 horas na geladeira. Pode-se usar um saco plástico com lacre, tomando o cuidado de retirar todo o ar.

### Para o radicchio
Numa frigideira, aqueça a manteiga e coloque as folhas de radicchio separadamente uma sobre as outras. Cubra com o açúcar, tampe e cozinhe em fogo muito baixo por cerca de uma hora.

### Para o creme de batata
Descasque e corte as batatas em cubos de cerca de 2 centímetros. Ponha para cozinhar na mistura do leite com a água e o ramo de tomilho. Quando estiverem cozidas, passe-as no processador. Vá acrescentando aos poucos o leite do cozimento e a manteiga. Tempere com sal e pimenta.

### Para o peito de pato
Numa panela, coloque o calvados, o vinho e o caldo de pato e leve ao fogo alto. Quando começar a ferver, ponha

em fogo baixo e deixe reduzir pela metade. Acrescente o vinagre e o açúcar. Mantenha no fogo baixo até ficar espesso. Faça pequenas incisões no sentido diagonal do lado da pele nos peitos de pato. Coloque-os do lado da pele em uma frigideira aquecida com o azeite. Deixe dourar bem por cerca de 5 minutos. Tempere com sal e pimenta. Vire e chapeie do outro lado. Tempere novamente com sal e pimenta. Acrescente o molho reduzido numa quantidade suficiente para cobrir o fundo da frigideira e deixe por alguns segundos. Retire do fogo, deixe descansar 3 minutos e fatie as duas peças.
Divida as fatias de pato em quatro porções e sirva na companhia do molho, do creme de batata, dos cubos de maçã e do radicchio.

## DOLCI

**Não sei se já contei aqui que gosto muito de doces.** E que gosto da comida piemontesa. Pois bem, lá no Piazza Duomo, ou melhor, no La Piola, eles preparavam os mais tradicionais doces piemonteses. "Olha, essa é para o Bertolazzi", dizia o pessoal da confeitaria. cotta, bonet, docinho disso, docinho daquilo... Faziam um prato com uma degustação completa de todos os doces.

E a panna cotta? Meu Deus do céu! O que era aquela panna cotta? Era tão, tão leve, que a gente fazia uma brincadeira: colocava-a no prato, sem calda, sem nada, e tinha de comer sem tocar em nada, sem talher, sem mexer no prato. Era botar e a boca e... slurp! Chupava aquela maravilha toda. Tenho vídeos desses momentos cheios de glamour da nossa degustação, mas, é lógico, nunca vou mostrá-los.

É uma pena que a gente não consiga reproduzir uma panna cotta dessas aqui no Brasil, sem ter o creme de leite com a qualidade do de lá. Mas não é por isso que ficaremos sem comer panna cotta. Isso jamais.

### Panna cotta

1 xícara de creme de leite fresco

1 xícara de leite

½ xícara de açúcar

3 folhas de gelatina

1 fava de baunilha

### Calda

1 xícara de frutas vermelhas congeladas

¼ xícara de açúcar

1 colher (sopa) de vinho do Porto

## Preparo

### Para a panna cotta

Corte a fava de baunilha ao meio, raspando seu interior e coloque em uma caçarola com o leite, o creme de leite e o açúcar. Aqueça, sem deixar ferver, e acrescente a gelatina já hidratada em água. Coloque a mistura em forminhas e leve à geladeira por cerca de 4 horas. Na hora de servir, retire da geladeira, desenforme e cubra com a calda.

### Para a calda de frutas vermelhas

Aqueça todos os ingredientes juntos, até formar uma calda ligeiramente espessa. Passe por uma peneira e deixe esfriar. Se quiser uma calda mais rústica, não precisa coar.

Carlos Bertolazzi

## Bonet

3 xícaras de leite
5 ovos
1 xícara de açúcar
½ xícara de cacau em pó
1 xícara de biscoito amaretti triturado
2 colheres (sopa) de rum
1 fava de baunilha

**Para a calda**
1 xícara de açúcar
⅓ xícara de água

## Preparo

### Para a calda
Prepare a calda dissolvendo o açúcar na panela com a água em fogo baixo até que obtenha uma cor dourada. Forre uma assadeira de bolo inglês com a calda e deixe-a esfriar.

### Para o bonet
Numa tigela, coloque os ovos, o açúcar e a baunilha e bata até obter um composto espumoso.
Em uma panela, aqueça o leite, dissolva o cacau e adicione o rum. Incorpore aos ovos. Triture os biscoitos e adicione ao composto.

Coloque tudo na forma de bolo inglês e leve ao forno moderado em banho-maria coberta com papel-alumínio. Cozinhe por cerca de 45 minutos ou até que um palito saia limpo da massa.

Desenforme e sirva com biscoitos amaretti por cima.

**EM CASA**

**Sem qualquer sombra de dúvida,** lá era um lugar no qual eu viveria o resto da minha vida numa boa. Primeiro, porque a comida do staff era maravilhosa. Eu comia de tudo (não sei se já disse isso aqui).

Havia uma carne linda, que tinha uma crosta, e na hora de servir eles cortavam as bordas para ir só o centro mal passado. Eu não tinha duvidas e, mesmo se tivesse, sempre alguém gritava: "Carlo, Carlo, não fica com coisa e mangia tutti." Eu, para não fazer desgosto para eles, comia, oras.

Segundo, a experiência estava sendo demais, juntar aquela comida tradicional do Piemonte com aquela pegada moderna. E, para completar, tinha o vinho. Conversando certa vez com o Crippa, ele fez o convite para eu ir conhecer a Ceretto, que seria um bom aprendizado para mim.

Eu ia fazer um tour com a guia deles e, como era meio fora de mão, peguei carona com um dos rapazes que moravam na casa. Resultado: cheguei umas 8h, e o tour só começaria às 10h30.

Estava eu lá pagando mico, esperando, esperando, esperando, quando apareceu na recepção a Roberta, filha do Bruno

Ceretto, um dos donos do negócio. Ela me reconheceu do restaurante e perguntou que cazzo eu estava fazendo lá. Ela vira para a secretária e pergunta:
– O que tenho agora de manhã?
– Nada –, respondeu a linda secretária.
– Vem comigo! –, ela me ordenou.

E lá fui eu, todo bonitão, visitar a vinícola simplesmente com a filha do dono. Quando a ouvia dizer "Porque aqui o vovô fez isso", "Porque aqui o papai fez aquilo", eu dava risada comigo mesmo e pensava: "Tu, Carlos, é muito rabudo!".

Quando chegamos ao fim da visita, estávamos experimentando alguns vinhos e ela ainda me pergunta se tinha algum em especial que eu queria provar. Eu, modestamente, pedi uma Barolo Chinato, do qual eu gosto muito, tem adição de umas ervas...
– Você gosta de chocolate? –, ela rebateu. – Experimenta esse aqui, que é a gente que faz também e vai bem com o Barolo.

E lá fomos nós conhecer a produção do chocolate, de torrone... Que vida dura...

Nas horas vagas, eu ficava muito com o pessoal do restaurante, formamos uma turma mesmo. Éramos seis pessoas – eu, dois Andrea, o Antonio (das carnes), a mulher dele (que cuidava da confeitaria) e o Stefano (sous-chef), fora o Crippa, Íamos comer kebab após o expediente, comer pizza, íamos à casa de um, à casa de outro.

Fora essas saídas, a cidade de Alba também oferecia alguns programas para lá de interessantes. No meu tempo livre, tentava descobrir suas tradições, suas raízes, como a corrida de asno. Asti e Alba são cidades meio que concorrentes, rola uma briga antiga. Em Asti, tem a famosa corrida de cavalo, o Palio d'Asti, muito tradicional e cheia de pompa. O pessoal de Alba, então, para sacanear, inventou a corrida de asno.

Eu sei que contando assim parece meio besteira, mas foi uma das coisas mais engraçadas que já vi: um asno, de repente, começava a correr no meio da praça no centro da cidade na direção contrária; aquele que estava ganhando empaca, outro que estava lá atrás toma a dianteira do nada e vence a corrida, é uma coisa de doido. Cada burgo, cada vizinhança, tem seu escudo, entram desfilando com o asno empunhando aquela bandeira, um aspecto bem medieval, mas é uma coisa séria no meio daquela loucura toda. É ou não é um bom lugar para se viver?

## O BOM FILHO

**Após mais esse tempo longe de casa,** agora eu queria voltar para o C.U.C.I.N.A e trazer novidades para poder ajudar minha mãe no negócio. Eu não tinha planos de abrir restaurante ainda, mas também já não tinha planos de viajar. Eu precisava começar a ganhar dinheiro, né?

E as coisas começaram a rolar...

Antes disso, antes mesmo da minha viagem para o El Bulli, eu havia dado a minha primeira entrevista. Foi para a Roberta Malta, que estava no *Jornal do Brasil* e tinha um blog. Conhecemo-nos e parecia que éramos amigos havia anos. Sou agradecido a ela por isso até hoje.

Nos primeiros meses de 2008, assumi um lado mais comercial do buffet. O merengue de fruta-do-conde, do qual eu já falei antes, foi a primeira receita minha a sair em uma revista: a *Prazeres da Mesa*. Bem, na verdade, a receita era da minha mãe, mas acho que eu nunca contei isso para o Horst Kissmann que me entrevistou para a matéria.

 Carlos Bertolazzi

**Merengue de Fruta-do-Conde**

1 xícara de creme de leite fresco
1 xícara de polpa de fruta-do-conde descaroçada
150g de suspiro pequeno
1 xícara de chocolate branco em lascas
2 claras
¾ xícara de açúcar
3 colheres (sopa) de água

**Preparo**

Prepare um xarope levando açúcar e água ao forno em uma panela.
Bata as claras até obter um ponto de neve firme. Diminua a velocidade e adicione aos poucos o xarope ainda quente para obter o marshmallow. Deixe esfriar e reserve.
Bata o creme de leite frio até o ponto de chantilly. Incorpore, com cuidado, 100g de suspiro triturado, a polpa de fruta-do-conde e o chocolate branco. Em uma taça, distribua o restante do suspiro triturado.
Faça uma camada com recheio e finalize com outra de marshmallow.
Com um maçarico, queime o marshmallow e sirva imediatamente.

Depois, naquele ano ainda, fui indicado como finalista do prêmio "Melhor Banqueteiro" da mesma revista, mas não ganhei. Antes de vocês tirarem um barato da minha cara, informo a todos que, em 2010, fui indicado de novo. E ganhei!

Primeiro era uma votação popular, depois ia para um júri de cem pessoas com gente da gastronomia, chefs, críticos, jornalistas... E escolhem o vencedor entre os três indicados. Em 2008, perdi, concorrendo com a Neka Menna Barreto, que venceu, e o Viko Tangoda. Em 2010, ganhei concorrendo com o Charlô e o Fred Frank, dois caras que eu admirava muito e sempre tive como referência.

Comecei a aparecer mais na mídia, a virar algumas pautas na imprensa e creio que isso chamou a atenção do Juscelino Pereira, proprietário do restaurante Piselli, que hoje é meu sócio.

## PRIMEIRA PARCERIA

**Conheci o Juscelino por meio de amigos comuns;** na verdade, foi um ex-diretor do banco em que eu trabalhava que nos apresentou, e ele sempre teve uma ligação muito forte com o Piemonte, por causa do seu interesse por vinhos, uma vez que trabalhou no Fasano, no Gero...

Ele me chamou para conversar, pois tinha acabado de abrir um negócio em Moema, a Tavico Focacceria, e não estava indo bem. Como eu tinha o buffet, a proposta era que a gente pudesse trabalhar juntos, usar aquele espaço para eventos, essas coisas. Eu ouvi a proposta, passei alguns orçamentos, e tratei como se fôssemos um prestador de serviços para ele, não ia ficar sócio naquele momento. Acho que não pegou bem, e o Juscelino nem me respondeu.

Fomos conversar uma segunda vez. A oferta foi para que eu transferisse a cozinha do C.U.C.I.N.A para lá e que, além de usar o espaço para eventos, pudéssemos otimizar a cozinha e blá blá blá. Minha mãe não queria mudar do Morumbi, onde começou o buffet, onde conhece tudo por perto e tal. Também não rolou.

Na terceira tentativa, o Juscelino me chamou para almoçar no Piselli e disse que tinha um negócio incrível para propor. Na pior das hipóteses, o almoço estaria garantido, e lá é bom para caramba. Comi um bacalhau maravilhoso...

– E se a gente pegasse o Tavico, transformasse em um barzão, estilo Moema mesmo, e trouxesse a história da focaccia para os Jardins? – ele me questionou.

– Nossa, a ideia é boa, gostei mesmo, pode dar certo, é interessante... Mas, só um pequeno detalhe: e o dinheiro? – eu perguntei, indo mais ou menos direto ao ponto em que a conversa ia acabar.

Ele disse que tinha um amigo com grana para investir, que estava interessado em abrir um negócio com comida, a filha era consultora, estava em Barcelona, e que, assim que ela chegasse, a gente ia conversar. Na quarta vez, deu certo! Eu estava com experiência na cozinha, o Juscelino tinha um *case* de sucesso no comando do salão e em gestão, e a Maria Eugênia tinha uma experiência de consultoria, de gestão financeira, muito forte. Parecia que tínhamos todas as pernas para andar.

Começamos a trabalhar em Moema, transformamos o Tavico em um bar. Como o Tavico era em homenagem ao avô do Juscelino, queríamos fazer algo mais no estilo do interior, com essa pegada. Agora, "só" faltava achar um local nos Jardins.

Rodamos, rodamos, rodamos e achamos um lugar. Falamos com o locatário, mais tinha um candidato na frente. No dia marcado para ele entregar a documentação, nada aconteceu e, quando achávamos que íamos fechar o negócio, esse outro candidato aparecia de novo. Essa cena se repetiu umas três vezes, até que nos enchemos e fomos à procura de outro lugar. Após perambularmos novamente por dias, enfim achamos um local na rua Peixoto Gomide, quase na esquina com a Oscar Freire.

Só tinha um pequeno defeito: era muito maior do que a gente pensava para o começo de um novo empreendimento. Para vocês terem uma ideia, só as luvas eram o valor do total, tudinho, do que a gente tinha para investir. Conseguimos pagar só metade das luvas e dividir o resto em dez vezes. Sobrara metade da grana para tocar as obras e fazer todo o resto. Só havia uma solução: tínhamos que abrir urgentemente!

**ALHO NEGRO**

**No meio dessa correria toda das reformas do Zena,** quando eu nem estava muito com a cabeça na cozinha, ressurge o alho negro na minha vida. Naquela boa e velha comunidade de gastronomia do Orkut, a CSS, na qual fiz grandes amizades, uma delas a agricultora e cozinheira Marisa Ono. Assim que voltei do El Bulli e estava apaixonado pelo alho negro, aquele que eu comia feito um louco, comentei na comunidade a respeito. Como a Marisa sabia falar japonês, perguntei a ela o que era realmente o alho negro e pedi que desse uma pesquisada, pois eu sabia que o alho negro era muito produzido no Oriente.

Ela encontrou algumas páginas na internet a respeito, disse que era fermentado e blá blá blá, ficou quietinha na dela e não falamos mais nisso. Em outubro de 2008 mais ou menos, eis que, de repente, chega para mim um pacotinho de Sedex com uma amostra de alho negro. "E aí, deu certo?", ela me perguntava com o produto que ela havia desenvolvido feitinho, totalmente pronto já em mãos para eu experimentar. Era impressionante, pois ela chegou a um resultado muito bom sem nunca ter provado o produto.

Isso acabou sendo muito legal para mim, pois, em setembro do ano seguinte, o caderno "Paladar", do jornal O *Estado* de S. Paulo, deu uma capa sobre alho negro, mas a Marisa, muito tímida, não quis falar, me indicou e acabei virando referência de busca na área. Você procurava no Google sobre o assunto e aparecia essa reportagem.

O alho negro me expôs muito e acabei virando fonte de muitas pautas, já que, depois do *Estadão*, a *Veja São Paulo*, o "Globo Rural" e a Ana Maria Braga quiseram fazer reportagens a respeito. Eu estava usando o produto em muitos eventos, mas, na verdade, não o tinha no meu menu. Não tive alternativa e comecei a servir o Spaghetti al Triplo Aglio.

Ou seja, de um bate-papo no Orkut, acabei virando referência no Google. Obrigado, alho negro! Obrigado, Marisa Ono!

Em tempo: A Marisa continua fazendo o melhor alho negro nacional, além de outros produtos japoneses.

## Spaghetti al Triplo Aglio

320g de spaghetti
2 dentes de alho comum
4 dentes de alho negro
1 talo de alho-poró
salsinha picada a gosto
sal e pimenta a gosto
azeite extravirgem a gosto

**Preparo**

Em uma frigideira, refogue com um pouco de azeite o alho-poró cortado em tirinhas bem finas e reserve. Aqueça mais azeite e doure o alho comum cortado em fatias finas até ficarem crocantes. Retire do fogo e adicione o alho negro cortado em fatias e o alho-poró. Cozinhe a massa em bastante água salgada até ficar al dente. Escorra e misture aos alhos, adicionando um pouco da salsinha picada e ajustando o sal e a pimenta. Sirva imediatamente.

> **COMEÇA O ZENA**

**O que parcelamos de material de construção** não foi brincadeira; acho que conhecemos todas as lojas do ramo e tínhamos cartões em todas elas. Não tínhamos dinheiro para nada! Como o lugar era uma padaria antes, adaptamos as geladeiras, os balcões, fizemos de tudo para tocar a obra.

Conceitualmente, precisávamos de uma identidade para o lugar e resolvemos assumir de vez essa característica da Ligúria, genovesa, de onde vem o nome Zena – que é Gênova em dialeto genovês – e tive de resgatar toda aquela experiência desde os meus mergulhos em Portofino, os pestos que comi, as focaccias, os passeios... Poderia se chamar Portofino Focacceria, chegou até a ter logotipo, depois ia virar San Remo, na verdade, poderia ter o nome de qualquer cidade daquela região italiana, mas acabou assim: virou Zena!

Daí, vem a segunda parte da história. Logo quando começamos a tocar o projeto, ver domínio de internet, essas coisas, recebemos o primeiro release e o Zena tinha a definição de um "bistrô italiano". Pensei: "Como assim? Bistrô italiano? Isso não existe. Restaurante? Também não era restaurante".

Fiquei me perguntando o que seria o Zena, qual a definição para o que a gente queria abrir, e me lembrei muito do Caffe Roma, que era um lugar onde eu gostava de ir em Costigliole nas minhas épocas de estudante, pois tinha muito o astral do Zena: um lugar bem informal, com uma comida gostosa, um atendimento personalizado, vendia vinho para levar para casa ou para ser consumido lá mesmo na mesa. E eu tinha como registrar o domínio na internet: Zena Caffè.

> **CAPPON MAGRO**

Se era um café, se era genovês, eu tinha que começar a investir em um menu de pratos típicos, sem tradição no Brasil. De repente, me lembrei de uma mulher que trabalhava na nossa casa lá no ICIF, que fazia faxina e tomava conta do lugar para a gente e que à noite trabalhava em um restaurante em Asti. Ela era lígure e, nos fins de semana, fazia um prato chamado cappon magro, que era à base de muitos legumes e muitos frutos do mar.

Eu lembro que já havia lido a respeito e, por ser difícil de fazer, era também difícil de achar até mesmo em Gênova. Mas ela fazia esse cappon magro com todo o cuidado, começava sua preparação na quinta-feira, o prato levava muito vinagre e era meio como uma conserva, para servir nos fins de semana. Acompanhei por três dias o processo de como era feito o cappon magro.

Quando fiz aqui, lembrava de todas as dicas que ela havia me dado, de como cozinhar isso, de como fazer aquilo. Fiz uma versão mais simples no Zena, só que sempre respeitando os ingredientes e as cores de um cappon magro tradicional, com todas aquelas minhas lembranças.

É, amigo, quando eu ia imaginar que aquele aprendizado todo que um dia eu tinha tido com uma senhora lígure que conheci na nossa casa no ICIF ia me dar toda essa bucólica experiência...

Não deu em nada. O prato não virou, a montagem era hipercomplicada, atrasava a cozinha inteira e saiu do cardápio.

Carlos Bertolazzi

## Cappon Magro

1 filé de robalo grande
4 camarões grandes
2 ovos cozidos
1 beterraba
1 batata
1 cenoura
150g de vagem
2 colheres (sopa) de azeite extravirgem
2 xícaras de vinagre de vinho branco
sal e pimenta a gosto
4 fatias de pão sem casca

**Para a salsa verde**

1 maço de salsinha
2 dentes de alho
3 filés de sardinha anchovada
1 fatia de pão sem casca
azeite extravirgem
1 colher (sopa) de vinagre
1 colher (sopa) de alcaparra
sal e pimenta a gosto

## Preparo

Corte a batata, a cenoura, a beterraba e a vagem em pedaços pequenos. Cozinhe todos os vegetais separadamente até que fiquem al dente.

Coloque cada um deles em uma tigela pequena, espere esfriar e tempere com vinagre, sal e pimenta. Corte o filé de robalo em tiras e o tempere com sal e pimenta. Em uma frigideira, coloque uma colher de azeite e doure as tiras de robalo. Depois de prontas, transfira as tiras para uma tigela e acrescente um pouco de vinagre.

Em um triturador, misture o azeite, a salsinha, o alho, a sardinha anchovada, as alcaparras e o miolo de pão banhado no vinagre até formar uma pasta.

Em uma frigideira, coloque os camarões para grelhar em uma colher de azeite.

Torre as fatias de pão e coloque na base de uma forma pequena, redonda e vazada. Complete, fazendo camadas com os vegetais e o robalo. Por cima, coloque um pouco da salsa verde e salpique os ovos cozidos e picados. Desenforme com cuidado. Sirva com o camarão.

## ABREM-SE AS CORTINAS

**Ainda com algumas coisas por fazer, abrimos o Zena** em 25 de janeiro de 2009, em pleno aniversário de São Paulo, com uma chuva que Deus mandava. Contamos com a presença do então prefeito, Gilberto Kassab, que na época era um pouco mais popular do que hoje em dia, teve muita gente legal que foi nos prestigiar.

No dia seguinte à inauguração, saiu na *Folha de S.Paulo* que o prefeito tinha cancelado um discurso que faria na catedral da Sé e saído pelas portas dos fundos do Zena para cumprir "compromissos particulares". Eu sabia qual eram esses compromissos particulares...

Começamos, então, a nos focar cada vez mais no Zena, e o bar em Moema, que não fazia parte da vida de ninguém envolvido no negócio, que nunca foi a minha praia, tampouco a do Juscelino, foi ficando para lá, até que o vendemos (graças a Deus).

E no começo era isso: eu, a Maria Eugênia, o Dudu, filho do Juscelino, ganhando mil e quinhentos reais cada um. Tinha o Armando e o Daniel também, que eram nossos gerentes e hoje são nossos sócios. Eu chegava umas 8h e ficava na cozinha direto, até fechar, sempre depois da meia-noite. Quer dizer, direto em termos, pois, de vez em quando, em plena hora do almoço, eu saía da cozinha e ia fazer figuração nas mesas da frente. Cada sócio ficava em uma mesa no terraço para que as pessoas que passassem na rua vissem que estava cheio.

E, como todo marinheiro de primeira viagem, eu era muito tonto. Só para você ter uma ideia, o Marcão, que já trabalhava comigo no buffet havia uns quatro anos e chegou a chef do Zena Jardins, não conseguia nem tocar nas panelas porque eu não deixava. Na hora de montar os pratos, eu fazia todos, não queria nem saber. Tinha um baita medo de que alguém errasse algo e do que os clientes iam dizer; e se aparecesse algum crítico, ficava ansioso, não sabia como a coisa funcionava direito. Eu era muito centralizador, era meio noia mesmo...

**O Felipe é um cara ultramegahipertalentoso,** e ganhou um concurso da revista *Gula* como revelação. O prêmio era uma passagem para Paris, só que, em vez de ele ir para Paris, foi para a Itália para estudar no ICIF. Lá, entrou na comunidade da escola no Orkut, depois entrou no CSS, começou a fazer perguntas e comecei a conversar com ele, nos adicionamos no MSN e batíamos papo.

Só que o Felipe não gostou muito da experiência na Itália; ele não gostava do restaurante em que foi estagiar e eu tentava segurar as pontas, dar uma força para ele continuar lá. Quando ele voltou, veio trabalhar no C.U.C.I.N.A e me ajudou em eventos, a gente viajou, foi fazer festival em Tiradentes... Isso era agosto de 2007, um mês antes de eu ir para o El Bulli.

O sonho dele era trabalhar com o Quique Dacosta, tinha tentado fazer um estágio, mas não havia dado certo... Enquanto eu estava no El Bulli, durante duas das quatro semanas em que fiquei lá, eu conheci o Juanfra Valiente, que era sub do Quique Dacosta.

Falei para o Felipe me mandar as fotos de uns pratos muito lindos que ele havia feito e pensei: "Vou falar com esse cara". Cheguei para o Juanfra e contei a história do Felipe.

Conseguimos um estágio para ele de três meses no Quique Dacosta. De lá ele viria para a cozinha do Zena, assumir a vaga de subchef, mas as coisas não aconteceram assim e ele foi trabalhar com a família no interior. Ainda temos um projeto de um dia trabalharmos juntos. Se ele resolver abandonar um dia seu negócio em Sorocaba, claro.

## LEI DE MURPHY

**Eu sempre esperava pelo pior:** a visita de algum crítico gastronômico. Já conhecia alguns dos tempos do C.U.C.I.N.A, mas, em restaurante, meu restaurante, seria a primeira vez.

Dia 7 de abril de 2009! Nunca vou me esquecer dessa data. Recebi a visita do Arnaldo Lorençato, da *Veja São Paulo*. Como eu lembro bem dessa data? Porque eu estava no show do Kiss. Foi o primeiro dia em que me permiti sair do restaurante, desde a inauguração, após quase setenta dias direto na cozinha, foi quando eu disse para mim mesmo: "Hoje à noite, eu vou pegar uma folga".

Lá estava eu no meio do show, por volta das 22h, quando vi que tinha uma mensagem no meu telefone. "Carlos, aqui é o Armando. O Lorençato está aqui!"

Liguei na hora.

– E aí, como está? O que ele pediu? Qual é a cara dele? Está gostando? Disse algo? Reclamou? Elogiou? – eram tantas as interrogações que o coitado do Armando não tinha nem tempo de responder.

– Aaaah, está tudo tranquilo. Pode relaxar, ele só pediu uma sobremesa que não tem hoje.

– Como não tem? Como não tem?

– Aaaah, fica tranquilo. Não encontraram na hora, mas já deram um jeito. Ele pediu uma focaccia de Nutella.

Fiquei desesperado, porque focaccia de Nutella nunca foi uma sobremesa, sobremesa. Era uma focaccia de Nutella, que agrada a gregos e a troianos, mas não é uma sobremesa requintada. (mentira, é uma delícia, quem nunca comeu não sabe o que está perdendo).

Ele havia pedido uma sacripantina, um pão de ló embebido em licor e café, coberto com creme de mascarpone, avelãs e amêndoas, ou seja, uma sobremesa bem elaborada. Eu queria que ele tivesse comido a sacripantina. Só faltava ele colocar na crítica que não tinha a maldita da sobremesa.

Saí do show do Kiss, fui direto para o restaurante e pedi tudo o que ele tinha comido, só para saber o que me aguardava. Fiquei esperando igual a um louco a publicação da crítica, que só saiu uns dez dias depois. Ao ler, ele deu um ponto negativo para um dos pratos, com o qual concordei, falou muito bem de todas as massas, com o que também concordei, mas amou, AMOU a focaccia de Nutella. "Vale cada caloria", ele escreveu.

Quem sou eu para discordar, né?

Após a publicação, naquele mesmo fim de semana, o restaurante lotou, acho que foi o de maior movimento até hoje. E dava para perceber que o pessoal ia por causa da revista, pois, sem contar a focaccia de Nutella, havia na matéria a foto da lasagna com tocco di funzi, que foi o prato que mais saiu naquele domingo. É um dos nossos itens totalmente genovês, ao lado do pesto e da salsa di nocci.

Bom, passamos no teste. Me senti com o dever cumprido.

Carlos Bertolazzi

## Pasta alla Salsa di Noci

320g de massa integral seca
1 xícara de nozes
½ fatia de pão sem casca
⅓ xícara de leite
½ dente de alho
2 colheres (sopa) de azeite extravirgem
4 colheres (sopa) de parmesão
2 colheres (sopa) de manteiga
salsinha a gosto
sal e pimenta a gosto

**Preparo**

Passe as nozes rapidamente pela água quente e escorra-as. Triture-as com os outros ingredientes, menos a manteiga e o parmesão, em um liquidificador ou processador até obter um creme bem homogêneo. Cozinhe a massa em água abundante e salgada. Enquanto isso, coloque numa frigideira o creme de nozes, a manteiga e o parmesão. Acrescente um pouco de água do cozimento da massa até obter um molho bem cremoso. Escorra a massa e puxe-a na frigideira com o molho acrescentando um pouco de pimenta moída na hora e salsinha picada. Sirva imediatamente.

## Pesto Genovese

320g de trenette ou fettuccine
1/2 xícara de azeite extravirgem
1 dente de alho pequeno
1/2 colher de sobremesa de pinhole
2 colheres de sobremesa de parmesão ralado
1 maço de manjericão de folhas grandes (só as folhas)
sal a gosto
1 colher de chá de vagem holandesa cortada em pedaços de 1 cm
1/2 batata cortada em cubos pequenos
1/4 colher de chá de sal grosso

**Preparo**

Deixe o copo do liquidificador no freezer por alguns minutos antes de começar o preparo (isso evita a oxidação do molho). Adicione o azeite, o alho, o pinhole e o queijo. Coloque o manjericão por último para que as folhas não entrem em contato direto com as lâminas do liquidificador. Com a função pulsar, triture todos os ingredientes e adicione mais azeite, se necessário.

Cozinhe a massa em água fervente salgada durante o tempo sugerido pelo fabricante, com a vagem e as batatas. Escorra, mas reserve um pouco da água da massa.

Sem levar ao fogo, ponha o molho numa frigideira e acrescente uma concha da água do cozimento para ajudar a dissolver o pesto. Nunca leve o pesto ao fogo, o calor da massa e da água são suficientes para aquecer o molho. Acerte o sal e sirva imediatamente.

## Lasagna con Tocco di Funzi

320g de lasanha seca
1 ½ xícara de funghi secchi
2 colheres (sopa) de azeite extravirgem
1 cebola pequena
1 dente de alho
4 tomates italianos
1 maço de salsinha
sal e pimenta a gosto
especiarias a gosto (cravo, canela, anis-estrelado, cardamomo)

**Preparo**

Hidrate o funghi em água quente por cerca de 20 minutos. Retire a pele e as sementes dos tomates e corte-os em cubos pequenos. Em uma panela, coloque azeite, cebola picada e refogue bem. Adicione o funghi, cortado em pedaços, e, depois de 5 minutos cozinhando, coloque os tomates. Tempere com sal, pimenta e adicione o dente de alho amassado e as especiarias envolvidas em uma gaze. Cozinhe lentamente por cerca de meia hora, mexendo aos poucos. Retire as especiarias e o dente de alho. Cozinhe a massa em água abundante e salgada. Escorra e transfira a massa para uma frigideira com o molho e salteie para envolver bem. Polvilhe a salsinha bem picada e sirva imediatamente.

## DIA 29, DIA DE GNOCCHI

**Em maio, reencontrei a Fabiana,** que conhecia desde minhas épocas de internet. Ela marcou com outras duas amigas comuns de almoçar no Zena. Eu não sabia. Saio da cozinha, suando, dólmã sujo e dou de cara com ela na mesa 5. Isso foi no dia 29 de maio, uma sexta-feira. Começamos a namorar no domingo, conheci minha sogra na segunda-feira, e, na quinta-feira, estávamos morando juntos. Eu com a Fabiana, não com minha sogra.

No dia 29 de junho, eu estava no lançamento da revista *Gosto*, e a Fabiana foi comigo. Eu tinha prometido para ela que naquela noite a gente ia comer gnocchi, pois seria o nosso primeiro aniversário de namoro – para quem não sabe, é uma tradição italiana comer gnocchi no dia 29 de cada mês para trazer fortuna ou sorte.

Só que uma turma que estava na festa junto com o Juscelino, resolveu que também iria para o Zena. Eu só disse para ela: "Vou ter de ir para o restaurante".

– Mas como a gente vai fazer com o gnocchi – ela me perguntou.

Realmente, no Zena não tinha gnocchi no menu. Mas tinha batata. E lá fui eu para a cozinha. Chamei dois cozinheiros e disse: "Galera, vai ter de sair gnocchi daqui hoje!".

E saiu, ficou muito bom. Enquanto eu estava jantando em uma mesa, só com a Fabiana, o Juscelino chega com uma turma de umas dez pessoas, vê o gnocchi, acha a ideia maravilhosa e solta essa: "Carlão, dá para sair dez?!

Sai, né, fazer o quê?

Todo mundo comeu, lambeu os beiços e ficou decidido: a partir daquele dia o gnocchi entraria no cardápio do Zena – com molho de tomate fresco, manjericão e fonduta de queijo stracchino.

E, hoje em dia, ainda é o prato que mais sai no restaurante.

Carlos Bertolazzi

## Gnocchi Zena

### Gnocchi

    5 batatas tipo asterix

    2 xícaras de parmesão ralado

    1 ½ xícara de farinha de trigo

    sal a gosto

### Molho

    6 tomates italianos maduros

    1 litro de água quente

    1 cebola média picada

    2 dentes de alho picados

    1 folha de louro

    1/4 xícara de azeite de oliva

    sal e pimenta-do-reino a gosto

### Fonduta

    2 xícaras de queijo stracchino em cubos

    ¼ xícara de leite

    1 colher de manteiga

    sal

## Preparo

### Gnocchi

Cozinhe a batata com a casca, retire-a da panela, descasque e passe no espremedor. Espalhe em uma bandeja para esfriar e perder o máximo de umidade. Misture, aos poucos, com o queijo e a farinha até formar o empasto. Modele e corte em cubos. Cozinhe por 2 minutos ou até boiar, retire e reserve

### Molho

Retire a pele e as sementes dos tomates e pique grosseiramente. Em uma panela grande, coloque o azeite e leve ao fogo baixo para aquecer. Quando estiver quente, junte a cebola e refogue por 2 minutos, mexendo sempre, ou até que fique transparente. Acrescente o alho picado e refogue por mais 1 minuto, sem parar de mexer. Em seguida, coloque todo o tomate picado na panela e misture bem. Acrescente a água quente e a folha de louro ao molho. Mexa bem e tempere com sal e pimenta-do-reino. Tampe a panela e deixe o molho cozinhar por cerca de 1 hora em fogo médio. Mexa de vez em quando, para não grudar, e verifique a água. Adicione um pouquinho de água quente, se necessário. Desligue o fogo e verifique os temperos. Sirva o molho a seguir.

### Fonduta

Em banho-maria, derreta a manteiga com o leite e adicione o queijo em pedaços, até derreter. Ajuste o sal e sirva sobre o gnocchi.

## HOMENS GOURMET

Após o primeiro ano, o Zena estava bombando, mas ainda devíamos muito dinheiro no banco por causa dos investimentos – havia parcelas das obras, uma prestação mensal de R$ 20 mil das luvas... Mas o pessoal tinha gostado da ideia, tinha dado certo, agora era fazer rodar e pagar as contas. E eu ainda ganhava mil e quinhentos reais por mês.

Paralelamente a isso, durante esse primeiro ano, fui convidado para fazer dois testes de comercial de tevê. Já estava até pensando no dinheirinho, pois estava duro. De um deles, que era para o lançamento de um caldo de picanha, jamais tive a resposta de volta. No outro projeto, uma propaganda de uma maionese de leite, me ligaram e disseram que eu estava entre os cinco melhores. Pensei: "Estou melhorando, né? Pois no outro nem me ligaram".

Enquanto esperava, recebi um e-mail informando que haveria teste para um novo canal da Fox, nem nome tinha ainda. Fui atrás.

O teste era meio virtual, uma coisa meio doida. Tinha uma faca, uma bancada e só. Você tinha de simular que estava fazendo uma receita não necessariamente com os produtos que estavam lá. De repente, me vejo com um melão na mão, dizendo que aquilo era uma picanha, bem surreal! O forno? Também não existia.

Por sorte, lá também tinha uma berinjela.

Em 2003, em uma viagem que fiz para a Costa Malfitana, tive o primeiro contato com a comida italiana de qualidade, no restaurante Don Alfonso 1890, do Alfonso Iaccarino, que foi o primeiro chef italiano que admirei.

Tanto que a receita dele de parmegiana de berinjela, eu faço até hoje. É uma torre de berinjela, que está na capa do livro dele. Eu trouxe um autografado para a minha mãe, outro para mim. O jantar que fiz lá foi muito marcante, pois foi o primeiro contato que tive com um restaurante muito estrelado e a parmegiana de berinjela acabou virando um dos meus pratos emblemáticos.

Mesmo sem ainda estar trabalhando, bem no começo, eu fazia e todo mundo achava lindo. É uma montagem muito bonita e, ao mesmo tempo, é um prato bem simples de fazer.

Tive essa lembrança e, na hora, comecei a fazer a parmegiana de berinjela do Iaccarino no teste. Só havia uma pequena diferença. Eu estava com uma faca de cortar pão nas mãos.

Fiz o teste e fui selecionado. O programa inicialmente ia se chamar "Puro Chef", só depois que virou "Homens Gourmet". No próximo passo, eu teria de mandar dez receitas com algum significado para mim, com alguma técnica diferente, técnica disso, técnica daquilo... Fiquei preocupado com essa ênfase na palavra "técnica", que tinham dado um monte de vezes.

Mandei, fiquei esperando e, de repente, estava dentro! Seriam quatro homens e uma mulher, o programa seria gravado na Argentina, me deram todas as coordenadas e estava lá o valor do cachê: mil dólares! Pela temporada inteira de quarenta programas! Estava feliz, mas ia continuar duro. Vambora!

Só um detalhe: a propaganda de maionese não deu em nada!

## Parmegiana de Berinjela

3 berinjelas médias
sal grosso a gosto
1 cebola picada
4 colheres (sopa) de azeite
8 tomates italianos
2 colheres (sopa) de farinha de trigo
2 ½ xícaras de mussarela em fatias
½ maço de folha de manjericão
1 colher (sopa) de orégano fresco, picado

**Preparo**

Corte as berinjelas em rodelas de cerca de 1 cm. Em uma peneira, espalhe o sal grosso na berinjela e deixe por 30 minutos para que o líquido que irá se formar escorra. Retire a pele e as sementes dos tomates e corte-os em cubos pequenos. Em uma panela, refogue a cebola em metade do azeite. Acrescente o tomate, mexa bem e deixe cozinhar por cerca de dez minutos, até formar um molho bem rústico. Reserve. Lave bem as rodelas de berinjela, seque-as e passe-as na farinha. Em uma frigideira, frite-as no restante do azeite até dourar. Reserve. Em uma assadeira pequena, intercale camadas de berinjela, molho de tomate e mussarela, adicionando aos poucos as folhas de manjericão e o orégano. Finalize com uma camada de molho. Aqueça o forno a 180 graus e asse por cerca de 25 minutos. Sirva quente ou em temperatura ambiente.

> **PRIMEIRA TEMPORADA**

**Nos e-mails que recebia da Fox,** eu via o nome de quem também estava copiado e tentava investigar aqueles que seriam meus parceiros de programa. Tinha o Dalton Rangel, que eu não conhecia pessoalmente, mas sabia quem era porque ele havia sido um dos finalistas do "Super Chef", da Ana Maria Braga, em 2008. Havia ainda o Ricardo Bonomi, chef que trabalhava em eventos; o Paulo Siqueira, que era mais culinarista, e a Paula Villas Boas, que já tinha rodado bastante o mundo. Por que o programa se chamava "Homens Gourmet" e tinha uma mulher? Sem preconceito algum, mas não sei até hoje.

Gravamos no segundo semestre de 2009. O primeiro programa foi ao ar no dia 17 de maio de 2010 e ainda nem era no canal Bem Simples, e sim dentro da programação do Fox Life. Graças a Deus, já que o formato não era legal.

Uma vez, o dono da produtora que fazia os programas entrou no estúdio dando bronca em todo mundo, pois alguém estava fritando um peixe e ele queria saber qual era a técnica usada para fritar o peixe. Queria que a gente desossasse frango, limpasse salmão, essas coisas. Poxa, na televisão o pessoal quer aprender, mas quer entretenimento. Por isso que digo que, comparado com aquele, o "Homens Gourmet" hoje em dia é bem diferente.

O cenário era comum, a gente usava umas roupas cinza, que nos fazia parecer mais com mordomos indianos do que chefs. Era a primeira experiência da maioria em tevê... Não era uma turma como é hoje, eram pessoas que não se conheciam e que entravam no estúdio para gravar quatro programas por dia. E só.

## SPRITZ

**Ainda no fim de 2009, recebi um amigo para almoçar,** o Gunther. Ele me pediu para preparar um Spritz.
– O quê? –, eu perguntava.
– Spritz , ele insistia. – Pega o Aperol...
– Pega o quê?
– A-pe-rol Aperol!

Não sabia nem onde se comprava aquilo. Fui com ele caminhando até o Santa Luzia, uma loja especializada aqui de São Paulo, e trouxemos duas garrafas. Ele foi para o bar e preparou o drink. Percebi na hora que estávamos diante de um novo hit. Naquele mesmo fim de ano, a jornalista Ailin Aleixo, então no site da *Veja São Paulo*, listou "Tomar um Spritz no terraço do Zena" como uma das quinze dicas mais quentes do verão.

Só em outubro de 2010, o *New York Times* publicou uma matéria confirmando a invasão do Spritz nos Estados Unidos. A essa altura, já estávamos criando variações do drink, como o Spritz Ice, que leva sorvete e foi resultado de um sonho que tive.

Recebi, então, uma DM do editor-chefe da revista *VIP* na época, Ricardo Lombardi, me perguntando como se preparava um Spritz; ele ia receber uns amigos e queria preparar o drink em casa. Fui ensinar pessoalmente e a revista deu uma página inteira naquele verão decretando: "Tchau, Caipirinha. Oi, Spritz".

Até hoje o Spritz é o nosso drink mais vendido.

> **FOC@CCI@**

**Na verdade, há vários tipos de focaccia pela Itália toda.** Há a focaccia normal, que é mais parecida com um pão, só que com alecrim, usada para os sanduíches; a romana, encontrada quadrada na maioria das vezes; a farsita, que também é recheada; e a nossa, para a qual me inspirei em uma focaccia col formaggio, típica da cidade de Recco, que fica onde? Na Ligúria! Prego!

Já tínhamos a focaccia no Tavico. Havia uma receita, mas a modificamos para deixar a massa mais aerada, mais leve, deixando um pouco mais folhada. Hoje em dia, assim como acontece com a pizza, principalmente em São Paulo, tem gente que gosta mais da nossa do que da original da Itália.

A primeira era só de queijo, o stracchino, típico da região da Lombardia e que era muito difícil de encontrar por aqui. Levamos uma amostra do original italiano para um fornecedor, que desenvolveu o produto e hoje compramos praticamente a produção inteira dele, pois a quantidade de queijo que usamos por mês é absurda. Caiu no gosto do público e criei mais duas, a de calabresa e a de cogumelos. Hoje temos nove variações, que vão desde salmão até ovos trufados.

Por essas e por outras é que a focaccia era o nosso xodó, um prato que estava na essência do Zena desde o começo, era um carro-chefe. Assim eu pensava.

No dia 27 de fevereiro de 2010, porém, a história da focaccia mudou. Recebi no Zena a primeira visita da Alessandra Siedschlag, conhecida mundialmente no Twitter como @alesie. Ela comeu uma focaccia, gostou MUITO e posso dizer sem nenhum medo de errar: uma nasceu para a outra.

A Alê começou a divulgar, a falar da focaccia... Desde aquela época, ela já trabalhava no R7 e sempre teve muitos, milhares de seguidores no Twitter, muito também por causa do sucesso do seu blog, o "Te Dou um Dado?". Foi impressionante: a focaccia sempre foi um dos nossos carros-chefe, mas, a partir daí, bombou, muitas pessoas passaram a conhecer o restaurante por causa dela. E do Twitter! Não é exagero dizer que já recebi pessoas do Brasil inteiro que, quando estão em São Paulo, vão lá comer a focaccia e mandam mensagens para a Alê dizendo que estão no Zena.

Pois é, a Alê virou a embaixatriz da focaccia do Zena. Acho que ela já experimentou todos os sabores, mas o preferido é a Parma, com presunto de Parma, mix de queijos e figo grelhado.

Outro fato que sempre nos ligou muito é o restaurante aceitar cachorros no terraço e, como a Lelê é uma notória defensora dos animais, ela trazia o cachorro para comer também. Foi amor à primeira vista.

## SEGUNDA TEMPORADA

**Quando recebi o e-mail da Fox para a segunda temporada,** vi que estavam apenas o meu nome, o do Dalton e o do Bonomi, com um pedido para que a gente indicasse amigos para fazer testes. Uma indicação comum a todos foi o Guga Rocha. Eu o havia conhecido em maio de 2010, pois ele tinha ido de bicão ao meu aniversário com uma amiga minha, o Dalton conhecia o Guga do "Super Chef" e o Bonomi o conhecia por causa do Dalton.

No dia do teste para o *casting*, foi muito engraçado. O Dalton o havia levado ao estúdio na Vila Olímpia, o Bonomi havia encontrado com os dois e eu soube que uma parte do pessoal da produção da Argentina estava no Brasil e fui revê-los. Ou seja, estávamos os três homens gourmet no estúdio, com o candidato que todo mundo havia indicado. Na hora em que começou a gravação, o Guga ainda perguntou para a produtora:

– Você quer que eu faça o teste com dólmã ou com a roupa com que estou?

A gente riu e disse:

– Para com isso, que teste o quê, é você, já está certo. – Não deu outra.

Uma boa mudança é que a partir dali a Fox ia assumir a produção, não tinha mais aquele homem do "técnica, técnica,

técnica". Teve um jantar, então, com a presidente no qual ela ia dar as coordenadas da nova temporada, quais seriam as novidades. A gente não teve dúvida: levou o Guga junto.

A partir daí, o "Homens Gourmet" mudou. Ia ter quatro homens, ninguém ia usar dólmã, o cenário ia ser incrível, haveria um balcão para a gente preparar drinques, a pegada seria totalmente diferente, seria a nossa casa, não mais uma cozinha *fake*, a gente ia fazer entretenimento, nos divertir e divertir as pessoas. No fim, ela perguntou o que a gente achava do Guga. Aprovado por todos, ela oficializou a entrada dele no programa. Um programa totalmente novo.

Gravamos em setembro de 2010, em Buenos Aires ainda, mais quarenta programas, que foram ao ar no começo do ano seguinte. Dessa vez, ficar muito conectado com o Brasil tinha um motivo a mais. Fabiana estava esperando nosso primeiro filho, mas ele foi parceiro e esperou o papai voltar, nascendo apenas no dia 27 de setembro.

## PRESEPADAS

**Tenho uma outra história boa** de quando estávamos gravando a segunda temporada. Era um programa especial de receitas dos nossos hermanos, dos nossos colegas latinos. Eu fiz uma receita boliviana, e o Bonomi fez uma peruana. Maldita coincidência.

Perto do fim do programa, ele vira e diz: "Vamos mandar agora um abraço para nossos amigos bolivianos, para nossos amigos peruanos...".

Eu, sem noção nenhuma, emendo: "Um abraço para todos os anos".

O pessoal da produção me olhou com aquela cara de "Está doido?", e eu tento consertar. "É, para os americanos... Mas também para os paraguaios, os argentinos...". Foi entrando a musiquinha de encerramento e já não tinha muita coisa para fazer.

Para completar a gafe, era nossa última gravação daquela temporada, a gente ia tomar o voo de volta na sequência e todo mundo ficou "Aêêê, acabou", naquele clima de fim de festa e foi para o ar assim mesmo. Não sei como não entrou no "Top Five" do "CQC". Acho que eles só assistem à Palmirinha.

Na verdade, para se tornar um chef de televisão, você tem de gravar com o que tem e improvisar bastante, se é que me entendem. Quando íamos gravar na Argentina, por exemplo, era um caos. O único peixe fresco que eles nos ofereciam no set era um tal de salmão branco, não tinha outra escolha. Isso era problema? Nenhum, não tinha tempo ruim: esse salmão branco na hora das gravações virava namorado, robalo, pescada, virava tudo...

Em um outro episódio, precisávamos de queijo emmental na receita, mas só tinha queijo prato. "Cadê o emmental, vai buscar o emmental", e nada de o queijo aparecer. Não tivemos dúvidas: pegamos a peça de queijo prato toda bonitona e começamos a fazer uns buracos no queijo, pois assim ele ficaria mais parecido com o emmental. No fim, até que ficou gostosinho. É a magia da televisão.

> **A PRIMEIRA VEZ A GENTE NÃO ESQUECE**

**Receber um telefonema do J. A. Dias Lopes** é certeza de uma pauta inesquecível. Dias Lopes trabalhou por 23 anos na *Veja* e foi um dos responsáveis pelo início da revista *Gula*, assumiu logo na sua quarta edição.

Reconhecidamente um dos mais importantes jornalistas do setor no país, é também um grande estudioso das histórias da comida e do homem. Normalmente nossos encontros rendem bons papos, pois acabamos nos aprofundando nessas histórias, principalmente quando o assunto é cozinha italiana.

Já pesquisei receitas do carnaval de Veneza, os pratos preferidos de Marcello Mastroianni e os molhos para massas mais tradicionais do receituário italiano. Foi por causa do Dias Lopes também que fui atrás da Bottarga di Gallina sem nem ter ideia do que ele estava falando.

A bottarga é a ova seca do peixe, normalmente atum ou tainha, obtida após um processo de salmoura e de exposição solar. A princípio, pensei que gallina tivesse algo a ver com a gallinella, um peixe típico do Mediterrâneo, que cansei de limpar no Flipot, mas descobri que era mais óbvio do que parecia. Era galinha. Sim, ovo de galinha caipira feito através do mesmo método. Acabei fazendo um tortelli recheado com galinha caipira, seu caldo e a bottarga do seu ovo. Pura poesia.

Além da tal bottarga, tive que fotografar outros pratos com o ingrediente principal da matéria: o ovo. E foi assim que a minha receita de Spaghetti alla Carbonara estampou a capa da revista *Gosto* em abril de 2011, para onde o Dias Lopes tinha se mudado.

Sou um defensor ferrenho de manter as receitas tradicionais da forma que são. Ou, pelo menos, saber como elas deveriam ser. Creme de leite no carbonara? Mas nem pensar.

A cremosidade tem que vir da perfeita combinação entre a gema do ovo, o queijo pecorino e a água do cozimento. Completa o prato o guanciale, que é a bochecha curada do porco. E, claro, muita pimenta-preta moída na hora a quem muitos atribuem o nome do prato, pois ela lembraria o carvão.

A massa é sempre o spaghetti, ou quase sempre. Muitos usam o rigatoni. Muitos usam pancetta. Muitos usam parmigiano. Pronto, já mudamos o prato. E se o nome carbonara tiver relação com a sociedade secreta Carboneria? Outros acham que foram os americanos que inventaram o prato durante a guerra ao misturar ovos com bacon à massa. Pois é! Quem foi que disse que é fácil ser tradicional na Itália?

## Spaghetti alla Carbonara

320g de spaghetti
1 xícara de bacon cortado em cubos
2 colheres de sopa de azeite extravirgem
4 gemas
1 ovo
4 colheres de sopa de queijo pecorino romano
pimenta-preta moída a gosto

**Preparo**

Frite os cubos de bacon em uma frigideira com um pouco de azeite. Em uma tigela bata as gemas, o ovo e o queijo ralado. Tempere a mistura com pimenta-preta moída e junte o bacon frito. Reserve.

Cozinhe a massa em água fervente e sal durante o tempo sugerido pelo fabricante. Escorra a massa reservando um pouco da água do cozimento.

Junte a massa ao creme de ovos, acrescente uma concha da água do cozimento e misture bem para dar cremosidade. Sirva imediatamente.

## SE VIRA NOS 30

**As redes sociais definitivamente mudaram a maneira** como os restaurantes se relacionam com a imprensa. Bem, pelo menos para mim, que posso ser encontrado mais facilmente através de DM no Twitter, Whatsapp, Facebook ou até por um comentário numa foto no Instagram do que pela caixa postal do celular, que nunca escuto. Normalmente porque sei que o único que ainda me deixa recado é meu pai, que não perdeu o velho hábito.

Cada jornalista tem sua rede social preferida também. Para a Fabiana Seragusa do *Guia da Folha* é mais fácil deixar uma mensagem no Facebook. Com o Junior Ferraro, ex-editor da *Época São Paulo*, eu entro em contato pelo Twitter. Já para Marcelo Katsuki do Blog Comes e Bebes, deixo um recado numa foto do Instagram. Pelo Whatsapp chegam as coisas mais urgentes. Certa vez a Pixu, editora da revista *Casa e Comida* me pediu "pra ontem", não apenas uma receita, mas que eu produzisse uma foto de um creme de abóbora com grande chances de ir para a capa da revista. Detalhe: eu estava em Brasilia, cuidando de uma consultoria. Depois de alguns telefonemas e várias trocas de mensagens com ela e meus cozinheiros, a foto foi feita. E foi para a capa mesmo, a segunda. O lado bom de estar sempre conectado é esse. As oportunidades aparecem todos os dias e a falta de contato é a maneira mais fácil de perdê-las.

iChef - Histórias e receitas de um chef conectado

## Creme de Abóbora

2 dentes de alho
1 litro de caldo de legumes
1 colher (sopa) de manteiga
1 pitada de canela em pó
1 colher (chá) de curry
2 cebolas pequenas
2 colheres (sopa) de azeite extravirgem
1 ½ xícara de batata em cubos
4 xícaras de abóbora japonesa em cubos
3 folhas de sálvia
1 ramo de tomilho
6 folhas de manjericão
1 ramo de manjerona
4 colheres (sopa) de mascarpone
sal e pimenta-do-reino branca a gosto

**Preparo**

Amarre a sálvia, o tomilho, o manjericão e a manjerona, formando um buquê. Reserve.

Pique o alho e a cebola e refogue-os no azeite, com a manteiga e o curry.

Adicione a batata e a abóbora e refogue por alguns minutos.

Vá adicionando o caldo de legumes aos poucos. Acrescente o buquê de ervas e cozinhe por cerca de 30 minutos. Retire as ervas e passe tudo no processador (reserve uma parte do caldo). Despeje a sopa novamente na panela, leve ao fogo e vá acrescentando o caldo reservado até atingir a consistência desejada. Ajuste o sal e a pimenta e adicione a canela. Sirva com uma colherada de mascarpone e um pouco de tomilho.

> **LEAVE THE CUPCAKE, TAKE THE CANNOLI**

**Outra história inusitada que as redes sociais** me proporcionaram foi quando recebi, ainda em 2010, uma mensagem de Facebook do então aspirante a cannoleiro Alexandre Leggieri. Ele estava de volta ao Brasil depois de uma temporada na Europa e ainda um pouco sem saber o que fazer da vida. Na mensagem, Leggieri me contava que minha reclamação, feita em um blog que eu mantinha no IG, de que no Brasil não era possível encontrar um cannolo tradicional, o tinha inspirado a produzir essas delícias de acordo com a receita siciliana tradicional. E me convidou para prová-lo.

Por coincidência, ele também tinha escrito para o Katsuki, que postou o link da Cannoleria no Twitter. Na mesma hora, combinei com o Kats, como é mundialmente conhecido, para visitar o Leggieri. O Junior Ferraro, vendo essa nossa movimentação toda, tratou de se juntar à nossa trupe e partimos rumo à Vila Mariana, numa rua que lembrava um pouco o sul da Itália, com as roupas todas à mostra, penduradas nas janelas.

Chegamos, provamos tudo e, obviamente, Junior e Kats voltaram para casa já escrevendo suas matérias. Era o começo da onda do cannoli tradicional. Naquela época, só era possível encontrar essa versão do doce, feita com ricota, no Taormina, da dona Helena, e no Tappo, do Benny Novak.

O resto eram canudinhos normalmente recheados com creme de confeiteiro.

Pensando em incentivar a produção e o começo do negócio do Leggieri, coloquei o cannoli no menu do Zena e comprava as casquinhas dele. O recheio, por precisar ser bem fresco, eu fazia no restaurante mesmo.

Foi, então, que soltei a célebre frase no Twitter: "Leave the cupcake, take the cannoli", parafraseando Peter Clemenza, em O *poderoso chefão*, para quem os cannoli seriam mais relevantes até mesmo que uma arma.

No caso, eu clamava para deixarem o cupcake de lado e ficarem com o cannoli. Bom, o cupcake continua por aí, mas digamos que o cannoli teve seus bons dias de fama. Meu amigo e confeiteiro Flavio Federico, como bom filho de italiano que é, também abraçou a causa e passamos a divulgar o doce, já que ele também fornecia as casquinhas para o Benny no Tappo. Foi assunto em todos os principais cadernos gastronômicos e revistas especializadas, e o cannoli hoje pode ser encontrado em praticamente qualquer bom restaurante italiano de São Paulo.

Mas a matéria mais divertida que eu fiz foi com o Flávio e o Fábio, do La Mar. Lembra da nossa banda, a Los Cannoli? Então, a antenada Fernanda Meneguetti, que estava na revista *Gula*, juntou o rock com os canudinhos e criamos receitas especiais para uma das edições, cada um incorporando elementos da sua cozinha.

## Cannoli Siciliani

### Massa

4 xícaras de farinha de trigo

¼ xícara de açúcar

¼ xícara de banha

1 colher (sopa) de manteiga

1 ovo

1 gema (reserve a clara para colar a massa)

1 pitada de canela

1 pitada de cacau em pó

½ taça de vinho Marsala

½ taça de grappa ou cachaça

óleo para fritar

### Recheio

2 xícaras de ricota peneirada

1 xícara de açúcar

½ xícara de frutas cristalizadas picadas

½ xícara de chocolate meio amargo picado

1 colher (sopa) água de flor de laranjeira

 Carlos Bertolazzi

## Preparo

### Para a massa

Em uma tigela, peneire a farinha, acrescente o açúcar, a banha, a manteiga, o ovo, a gema, a canela, o cacau em pó, o vinho e a grappa ou a cachaça. Misture os ingredientes até formar uma massa homogênea. Abra com um rolo até ficar fina e corte em círculos de cerca de 10 cm. Enrole em um cilindro de alumínio e cole as pontas da massa com a clara do ovo. Frite por imersão até dourar. Seque e reserve.

### Para o recheio

Em uma vasilha, misture a ricota com o açúcar até obter um creme bem homogêneo. Acrescente as frutas cristalizadas, o pistache e a água de flor de laranjeira. Por fim, coloque o chocolate amargo. Deixe a pasta descansar por alguns minutos na geladeira. Recheie os cannoli e sirva-os.

## RODINHA NOS PÉS

**Já deu para perceber que adoro viajar, né?** E 2012 foi um ano incrível nesse sentido. Depois de muito tempo enfiado no restaurante, resolvi conhecer um pouco mais o Brasil e comecei a fazer jantares nos restaurantes de amigos pelo país afora.

Foi assim que estive por duas vezes no Recife para cozinhar com os amigos André Falcão, do La Pasta Galleria, e Madá Albuquerque, do Just Madá. Fui também para Curitiba, onde cozinhei por três noites com a Manu Buffara no seu premiado Manu. Essa visita ainda me rendeu um convite do jornal *Gazeta do Povo* para ser o host do Prêmio Bom Gourmet no mesmo ano.

Estive também em Teresina, onde cozinhei por duas noites no Boa Vida, restaurante do amigo Joaquim Almeida, que conheci por causa de uma confraria de internet que tinha o mesmo nome, criada pela jornalista Alexandra Forbes e da qual participávamos.

Foi também o ano em que fui convidado para participar do Festival do Ver o Peso da cozinha paraense. Criado pelo chef Paulo Martins, desbravador e pioneiro no que hoje se convencionou chamar de "nova cozinha brasileira". O evento fez naquele ano a sua décima edição e, por conta disso, até um livro foi lançado.

Ficou, então, historicamente registrada a minha passagem no Mercado Ver o Peso: assim que cheguei, confundi as garrafas de tucupi com manteiga de garrafa ao avistá-las de longe. A piada acabou virando uma receita que fiz mais tarde no Famiglia Sicilia, restaurante do Fabio e da Angela Sicilia, na minha segunda visita à cidade, dois meses após o festival.

O tortelli de pato com jambu na manteiga de tucupi foi um dos pratos do menu cuja inspiração italiana encontrava os ingredientes paraenses, como se o Pará fosse uma região ali ao lado da Toscana ou do Piemonte.

A panna cotta foi aromatizada com cumaru em vez da tradicional e cara baunilha. A ideia, na verdade, surgiu ao me lembrar de uma sobremesa que eu tinha provado no Alto, em Nova York. Era um sorvete com fava tonka.

Me lembro de ter ficado alucinado com o perfume daquilo. Qual não foi minha surpresa ao descobrir que aquela fava, que conheci em Nova York, era na realidade uma semente brasileira: o cumaru.

Ou seja, em 2006 os chefs americanos já usavam ingredientes do nosso quintal que nem tínhamos ideia de existir e que, graças à generosidade e à visão de Paulo Martins e da sua família, tornavam-se acessíveis a todos os chefs que ano após ano participavam das edições do festival e voltavam para seus estados divulgando as novidades.

> **TERCEIRA TEMPORADA**

**Aconteceu de novo a mesma coisa: só eu, o Guga e o Dalton** recebemos as mensagens de que iam começar as gravações. Não sabíamos se a saída do Bonomi era por questões pessoais, por divergências com a Fox, o que tinha acontecido. Naquele momento, pelo que a gente sabia, o programa ia ter só os três.

Em janeiro de 2012, começaríamos a gravar mais quarenta programas para a terceira temporada em Porto Alegre. Uma semana antes, quando já estava quase tudo pronto, é que recebemos a confirmação que viria um tal de João, João Alcântara. Quem é esse cara? Aí, a gente começou a procurar para saber quem era esse cara, entramos na página dele no Facebook para saber o que ele queria da vida, aquela fofoquinha entre nós... "Se esse cara for escroto, a gente dá um pau nele, botamos ele pra escanteio", essa era a nossa promessa.

Estávamos todos no aeroporto esperando o tal do João, que, por sinal, chegou em um voo atrasado. Começou mal... Mas, quando vi aquele garoto, muito gente boa, super humilde, transmitindo uma energia legal, pensei: "Esse é o cara! Chegou o nosso caçula!".

**BASTIDORES**

**Quem vê o produto final, o programa já editado,** todo bonitinho, acha que gravar é muito fácil, que as piadas estão no roteiro, mas não é nada disso... Eu mesmo demorei um tempão para me acostumar com aquele: "Olha para a câmera um, agora para a dois, corta, volta, não abaixa a cabeça, não faz cara séria..."

Para cada temporada, mando por volta de umas sessenta receitas para que a produção escolha quarenta, ou seja, é um trabalho cansativo, que tem de ser bem estudado, tem o tempo para a receita ficar pronta dentro de um programa, tem de ter certeza de que os telespectadores consigam fazê-las. Daí, tem um detalhe curioso: sabem qual foi a primeira receita que gravei, que eu tinha plena convicção que daria certo e eu não iria me enrolar? Pois é, foi a parmegiana de berinjela, a mesma com que passei no primeiro teste.

Mas, às vezes, quer dizer, muitas vezes, nem tudo dá certo. Na terceira temporada, por exemplo, arrebentei dois liquidificadores no meio das gravações. Em uma, o espertalhão aqui foi usar uma pá de madeira quando estava batendo creme de espinafre. Voou creme de espinafre para tudo quanto foi lado e fiquei com aquela cara de idiota. Só, então, me dei conta de que, para continuar a gravar eu tinha de estar com a mesma camisa. Tiveram de lavar e secar a camisa em vinte minutos, e eu fiquei lá descamisado esperando.

Uma recomendação que sempre nos dão é "Não pare de gravar nunca", pois, em certas situações, a gente mesmo percebe que fez cagada e corta por conta própria, daí sim vem a bronca. Outra recomendação muito boa, que adoro, é "As vezes vocês acham que está ridículo, mas não está", só que está sim e é assim mesmo que vai para o ar.

Eu, por exemplo, me queimo muito durante as gravações, principalmente quando vou colocar os pratos no forno, pois você está lá com a comida fria e, quando vai retirar o prato pronto, que a produção já preparou antes, ele está pelando. Eu meto a mão direto, é fatal. Daí tem de ficar com aquela cara de que nada está acontecendo e sua mão está pegando fogo.

Já o Dalton é constantemente vítima das nossas sacanagens. Sempre que ele vai salgar alguma coisa, por exemplo, ele joga mais sal para fora da panela do que dentro e a gente não perdoa, fica lá falando baixinho que ele é o verdadeiro inventor do aço temperado. Do nada, ele começa a dar risada, mas tem de continuar gravando, sem ninguém entender nada do que está acontecendo.

Acho que esse é um dos segredos para o "Homens Gourmet" ser tão espontâneo da forma que o programa é. Nós somos daquele jeito, e isso não dá para mudar. Ainda bem.

**No aniversário de um ano do Zena,** um amigo foi à festa e me disse que estava com um projeto de abrir um novo restaurante, na verdade era para montar uma rede de casual dining. Ele me apresentou meus futuros sócios, achamos um ponto no Itaim e começamos do zero.

Era o restaurante dos sonhos. A cozinha era muito bem montada, já projetada para aquilo, tudo muito bonito, de muito bom gosto, o conceito era legal, de uma cozinha ítalo-americana...

Mas acho que o Spago acabou ficando muito maior do que o projeto inicial, tanto em termos de espaço quanto de custo. Hoje em dia, em São Paulo, a tendência é de restaurantes pequenos e médios. E esse era um problema do Spago, já que a área mais confortável ficava no fundo do restaurante, ou seja, todo mundo que chegava ia lá para o fundo e quem passava na rua achava que estava sempre vazio. Se fosse hoje, com certeza, não teria feito daquela forma, tinha jogado a cozinha para o fundo, feito uma horta orgânica lá atrás... Sei lá.

O chef que convidei foi o Claudio Aliperti, que veio também do CSS, a nossa boa e velha comunidade do Orkut. Eu não o conhecia pessoalmente, mas sempre tinha ouvido falar muito bem do trabalho dele, tinha passado por restaurantes com boas avaliações e sempre foi craque em montar boas equipes.

Passamos quase um ano bolando o projeto e, no começo de 2011, começaram as obras. Abrimos em dezembro do mesmo ano. Vendemos em agosto de 2013. Foi um grande aprendizado.

# Lamb Meatballs Spaghetti

### Almôndegas

1 fatia de pão sem casca

¼ xícara de leite

450g de carne de cordeiro moída

⅓ xícara de cebola picada

1 ovo

2 colheres (sopa) de hortelã picada

sal e pimenta a gosto

canela em pó a gosto

óleo para fritar

### Massa

2 xícaras de molho de tomate

320g de spaghetti

**Preparo**

Num bowl, umedeça o pão no leite. Acrescente a carne de cordeiro moída, cebola, ovo, alho e hortelã. Tempere com sal, pimenta e canela. Misture bem e molde as almôndegas com cerca de 2,5 cm de diâmetro. Coloque o óleo em uma frigideira e frite as almôndegas até ficarem douradas. Seque-as e transfira-as para uma panela com o molho de tomate. Aqueça--as e cozinhe-as por cerca de 15 minutos. Cozinhe a massa em água abundante e salgada até que esteja al dente. Escorra e sirva com o molho de tomate com as almôndegas.

## PER PAOLO

**Um dos meus sócios no Spago** sempre insistiu em me apresentar o Paulo, de quem ele era vizinho de estabelecimento em um centro comercial no Alto de Pinheiros. Nunca havia dado certo, mas, em maio de 2012, recebi no inbox do meu Facebook uma mensagem dele pedindo para conversarmos.

Imaginava que ele ia me propor algo, só não sabia o quê. A verdade é que, naquele momento, ele precisava de mim e eu precisava dele. O plano de transformar o Spago em uma rede estava com os dias contados, e o Per Paolo já era uma rede com suas três lojas.

Foi nesse clima que começamos a redesenhar a operação do Per Paolo e me tornei sócio da marca, adicionando o Carlos Bertolazzi à operação e iniciando essa nova jornada com a reformulação do menu. E nem precisei mexer em tudo, uma vez que o gnocchi do Per Paolo já era digno da fama que eu tinha alcançado com o gnocchi do Zena. Ok, o Paulo vai sempre dizer que era melhor, mas eu não consigo gostar mais de um filho do que de outro.

Mas sou viciado mesmo é no polpettone. Juntos, eu e o Paulo fomos mexendo nele até chegar à receita atual.

## Polpettone Per Paolo

2 dentes de alho picado
300g de carne moída
½ cebola
125g de linguiça toscana
1 ¾ xícara de molho de tomate
125g de mortadela
1 fatia de pão sem casca
1 xícara de parmesão ralado
2 xícaras de mussarela ralada
salsinha a gosto
molho de pimenta a gosto
4 xícaras de farinha de rosca
2 ovos

**Preparo**

Passe todas as carnes em um moedor. Depois, coloque em um bowl, adicione o pão triturado, a cebola, a salsinha e o alho. Misture tudo. Passe novamente pelo moedor para misturar bem os ingredientes. Molde o polpettone dividindo-o em duas partes. Recheie com a mussarela e feche as duas partes. Em seguida, passe no ovo e na farinha e frite dos dois lados. Depois, transfira para uma assadeira. Cubra com o molho de tomate e um pouco de molho de pimenta. Acrescente um pouco de parmesão por cima e leve ao forno para gratinar. Sirva com massa na manteiga.

## ARROBAS A RODO

**Em maio de 2009, exatamente no dia do meu aniversário,** abri minha conta no Twitter: @cabertolazzi. Sinceramente, não tinha ideia de que aqueles 140 caracteres – com os quais podemos escrever nessa rede social – iam me trazer tantas oportunidades na vida, quer profissionais, pessoais e, principalmente, de conhecer gente nova, muitas das quais virei realmente amigo e hoje não passo um dia sem falar nem que seja só pra dar um oi.

Antes que alguém pergunte, sim, sou eu mesmo que tomo conta do meu Twitter, como também do meu Instagram, que tem o mesmo endereço, @cabertolazzi do meu perfil no Facebook...

Com o Twitter, minha intenção era justamente ter maior interatividade com amigos, com clientes dos restaurantes, com pessoas que gostam do "Homens Gourmet"; então, não faria o mínimo sentido eu contratar uma pessoa ou uma empresa para fazer isso, não seria espontâneo. E outra, iam me tirar esse prazer? Nem a pau!

Já houve vezes em que eu estava no Zena e, de repente, alguém que estava lá postou algo sobre o restaurante, sobre o prato que estava comendo naquele momento. Poxa, eu sempre dou uma procuradinha, vou até a mesa da pessoa, dou um abraço, converso, pergunto se está sendo bem atendida. Isso é que é o bacana por trás dessa tecnologia toda.

Outro bom exemplo aconteceu uma vez com a Carol Rocha, também conhecida como @tchulimtchulim, publicitária e eterna musa do Lingerie Day. Em pleno domingo, ela tuitou que estava com o namorado e morrendo de vontade de comer um estrogonofe. Não tive dúvida e respondi na hora: "Vem para o Zena que eu faço para vocês". E eles foram.

Acabou dando tão certo essa história toda, que hoje o estrogonofe faz parte do cardápio das quartas-feiras no restaurante. O namorado já rodou.

A Lele, como eu já disse antes, é nossa embaixatriz da focaccia, e nosso primeiro contato também foi pelo Twitter. Junto veio a Clara Averbuck (@claraaverbuck), escritora com quem a Lele dividia um programa de internet, e a Lilian Trigo (@liliantrigo), que mantém atualizada minha playlist de músicas italianas.

Já a Bianca Muller (@bicmuller), do blog "Morri de Sunga Branca", é de Curitiba, mas já veio ao Zena, nos conhecemos e, inclusive, acabamos fazendo alguns eventos juntos, como a final da novela "Avenida Brasil" no Spago. As noites do restaurante estavam bem tranquilas e seria também uma boa oportunidade de movimentar e divulgar a casa.

Até visita da Nair Bello o Zena já recebeu, só que a do Twitter (@nairbello). Ela foi atrás dos meus "conosquinhos" e virei o bambino dela, ou melhor, dele, pois o perfil é administrado por um amigo querido, o Gustavo Braun.

Outra curitibana, a Kéfera (@kefera), do canal "5inco Minutos", conheci porque ela tuitou sobre "Homens Gourmet" e marcaram minha @, dizendo que eu tinha um restaurante em São Paulo. Fiquei amigo dela e da família inteira. Mãe, padastro, cachorro, namorado, sogro, sogra, cunhado, todo mundo já passou pelo Zena. Mentira!!! Dona Zeiva, a mãe celebridade, ainda me deve uma visita. Conheci a Kefera, pessoalmente, na youPix de julho de 2012. Para quem não conhece é um festival onde essas pessoas que trabalham ou bombam na internet se encontram. E foi justamente o que aconteceu, era hora de encontrar as arrobas fora do computador.

Fui ao evento no pavilhão da Bienal do Ibirapuera e acabei convidado a participar de um *hub*, uma espécie de mesa-redonda em que sorteiam o assunto na hora, não era necessariamente sobre gastronomia, daí você dá a sua opinião, debate, depois vem outro assunto... Coisa de louco.

Queria conhecer quem organizava tudo aquilo. Foi então que a Lele me pegou pelo braço e me levou até a Bia Granja (@biagranja), que, ocupada, nem me deu muita bola. Tempos depois, foi a vez de a Bia tuitar sobre "Homens Gourmet" e descobrir que, ao menos rapidamente, já tinha conhecido um de seus apresentadores: eu.

Fui, então, convidado a cozinhar na Campus Party, outro evento que ela organiza. Fiz um prato que vocês não vão acreditar. Tchanãn: a minha parmegiana de berinjela.

Um tempo depois, vejo a Bia sendo parabenizada no Twitter, pois seria mãe. Foi quando descobri que ela era casada com o Bob Wolheim. Aquilo me fez entrar numa espécie de túnel do tempo e me levou de volta aos tempos do meu site da internet, no início dos anos 2000. O Bob era um dos principais nomes do mercado desde aqueles tempos quando tocava o Ideia. com. Por muito pouco não fomos parar em sua incubadora. Acabamos recebendo o aporte da Invent, uma concorrente.

## "AGORA É TARDE"

**Se tem algo pelo qual sou conhecido, é a insônia.** E, com ela, vem minha presença em praticamente todas as redes sociais durante a madrugada. Numa dessas, eis que leio o Danilo Gentili fazendo uma piada relativamente sem graça sobre a morte de alguém que eu conhecia. Mentira, a piada era engraçada, mas totalmente inoportuna. O papo seguiu da seguinte maneira.

"Piada sem graça sobre a morte hein @DaniloGentili?"

"Quem é você @CaBertolazzi? O fiscal da piada? Que um salame entre no c... da sua mãe."

Tadinha da Dona Vera... Não tinha nada a ver com a história, mas, como eu não tinha nada a perder, comecei a fazer piadinhas com o Danilo, dizendo que Santo André tinha o pior comediante de São Paulo, mas o melhor hambúrguer. Sim, se não conhecem, visitem o The Burger Map.

Alguns meses depois, eu já tinha até esquecido da história quando, ao ligar meu celular saindo de um jogo de futebol, fui surpreendido por mais de cem *mentions* no Twitter. O que tinha acontecido?

Era o Danilo, que tinha ligado para o Zena passando trote, ao vivo, no seu programa. Fiquei surpreso ao ouvi-lo dizer no final que tinha ligado para seu amigo Bertolazzi e pedindo para eu guardar o salame. Foi, então, que ele começou a me seguir. Aproveitei e o segui também e já fui mandando DM.

– Cara, nada contra você, mas não precisava querer enfiar um salame no c... da minha mãe?

– Enfia no da minha então.

– Vou enfiar no seu. Aliás, por que você não chama o "Homens Gourmet" para ir ao "Agora é Tarde"?

– Boa ideia! O que vocês podem fazer além da entrevista?

– Podemos cozinhar, tocar...

– Tocar? Vou pedir para a produção entrar em contato.

E lá fomos nós para os estúdios da Band gravar o programa com uma música especialmente composta para a ocasião e, obviamente, com o salame na mão.

Fizemos a entrevista, cantamos, o Dalton fez a sua dancinha, fizemos Spritz e cozinhamos o Penne com Salame. Já quase indo embora, Danilo tentou sua última piada:

– Para encerrar, quando vocês acham que vai terminar essa modinha de chef de cozinha?

– Acho que depois que acabar a de stand-up comedy...

Tudumtsssssss!

#CSM

**Definitivamente, essas participações que fiz no youPIx** e na Campus Party me abriram cada vez mais as portas do mundo do Twitter. Em maio de 2013, fui convidado para participar do Curitiba Social Media, ou simplesmente #CSM, um encontro de pessoas conectadas que debatem as tendências das redes sociais.

Participei do painel "Gastronomia 2.0", um bate-papo sobre comida e essas ferramentas tecnológicas, com Leandro Santos (@MussumAlive), João Michaliszyn, Rogério Gobi e Lela Zaniol (@destemperados).

Mas a figuraça mesmo que conheci, que inclusive não ia participar do painel e acabou surgindo de última hora, foi o Otávio Albuquerque (@taviao), que tem o canal "Rolê Gourmet" com o PC Siqueira (@pecesiqueira), outro figura.

Tudo começou ainda no aeroporto, quando ele entrou no mesmo táxi que eu e começamos a falar besteira atrás de besteira, que o digam a Lia Camargo (@kittykills) e a Bruna (@brunavieira), as outras duas passageiras do trajeto.

Trocamos muitas ideias, principalmente sobre comida, mas, um ponto que me marcou muito nessa viagem foi a nossa ida ao Manu, restaurante da Manu Buffara, atualmente considerada uma das chefs mais talentosas do Brasil.

O cardápio foi daqueles para ninguém botar defeito: esfera de feijão, o trio vieira, nori e rabanete, gel de maçã com gorgonzola, endívia e castanhas, mignon dry aged com picles, e o arrebatador coração de pato com beterraba e creme de banana da terra. Ainda tinha coco com abacate e sorvete de tonka, brulée de manjericão, doce de leite caseiro, nega-maluca desidratada e crocante de especiarias. E, para terminar, algodão-doce. Tudo animal, mas o coração de pato era de cair o queixo.

Além da experiência gastronômica em si, o que mais me marcou, mais me deixou alegre, satisfeito, surpreendido, foi a cara do Tavião a cada prato que vinha e a cada garfada/colherada que ele dava. A cena era indescritível: parecia uma criança que acabara de ganhar o melhor presente de natal do planeta. A gente está nesse mundo da cozinha e, às vezes, não percebe ou se esquece, mas é legal ver as sensações que a gastronomia pode causar em uma pessoa.

## ROLEZINHO

**Após essas nossas conversas, o Tavião,** então, me convidou para participar do "Rolê Gourmet", seu canal no YouTube. Como estávamos em um período pré-festas juninas, resolvi fazer o Buraco Quente, que, na verdade, nem é preciso esperar a quermesse chegar para comê-lo, já que é aquele tipo de comida simples que cai bem a qualquer hora.

Começamos a gravação e tudo que eu suspeitava era verdade: eles realmente são duas figuras. Entre uma cervejinha aqui e uma risada acolá, houve até uma explicação técnica do que é Reação de Maillard – que é quando a carne chega a uns 130, 140 graus e dá uma tostadinha, que confere sabor e cor ao alimento.

Mas com aquela dupla não dá mesmo para ficar sério por muito tempo. Resolvemos, então, fazer algo menos usual: uma roleta-russa com pimenta. A aventura era a seguinte: recheamos dois lanches com a carne normal e um terceiro com a carne mais uma pimenta-dedo-de-moça inteira – com semente, que a deixa mais ardida. Entre uma piadinha ou outra, do tipo "Isso é uma suruba, pois ninguém sabe que buraco quente vai comer", nós três ficamos com os olhos vendados e escolhemos os nossos lanches. Dei minha mordida primeiro e... ufa, escapei... Não era meu o sanduíche "caliente". Enquanto os dois ainda mordiam seus buracos quentes, tirei minha venda e dei de cara com os dois comendo de olhos tapados. Não tive dúvida, peguei uma pimenta inteira e coloquei no lanche do PC.

Ele deu uma segunda mordida. Grande. Com vontade. E soltou: "Ah, legal, fiquei com a pimenta... Seus FDP", disse, literalmente chorando por causa do ardor das DUAS pimentas. Eu e o Tavião não aguentamos e também estávamos chorando, só que de dar risada da cara dele.

Na hora em que a gravação estava acabando, ainda dei um conselho ao meu nobre amigo: "Não toma líquido, pois piora".

Só ouvi: "Vá se f... Pimenta sussa? Sussa seu c..."

Eu só ria. O troll foi grande.

Pouco depois, participei do 14º youPix, dias 5 e 6 de julho. Minha função era simples: cozinhar para o Mundialito de Desafios Culinários, na seção "Coma... Se Quiser", que tinha curadoria do Tavião. O objetivo era criar um cardápio com alguns ingredientes menos comuns para que a Clara Vanali, do canal apê.ritivos, e o Daniel Machado, do Miolos Fritos, pudessem degustá-lo. O cardápio era uma moqueca de testículos de boi, acompanhado de farofa de vermes e, para finalizar, miolos alla milanesa. E, apesar das caras feias, foi aprovado. Daniel só não comeu a alface do prato.

Já perto do fim do ano, participei do "Rolê" de novo, muito mais comportado do que o primeiro. Dessa vez, ia fazer o Zigoto de Natal, uma brincadeira, uma adaptação do tradicional zucotto, uma boa dica para se aproveitar os panetones ruins que a gente ganha no natal. Quem nunca?

## Buraco Quente

4 pães franceses
300g de carne (patinho) moída
1 xícara de mussarela ralada
1 tomate sem sementes
1 pimenta-dedo-de-moça
½ xícara de molho de tomate
1 cebola
2 dentes de alho
½ xícara de azeitona verde picada
sal a gosto

**Preparo**

Retire todo o miolo dos pães por uma das pontas, sem deixar que fure a parte de baixo do pão e sem cortá-los. Reserve. Aqueça o óleo em uma frigideira alta e refogue a cebola e o alho. Corte a pimenta ao meio e retire as sementes. Pique bem e adicione-a à frigideira. Quando a cebola começar a dourar, junte a carne moída, tempere com sal e cozinhe em fogo alto até secar a água. Acrescente o tomate picado, o molho de tomates, as azeitonas e reduza o fogo. Continue mexendo de vez em quando até engrossar e cuidando para não deixar queimar. Desligue o fogo, acrescente a mussarela e misture bem. Recheie os pãezinhos e sirva quente.

## Zigoto de Natal

1 panetone ou chocotone
1 pote de sorvete de sua preferência
cobertura de sua preferência

**Preparo**

Corte o panetone em rodelas no sentido horizontal. Forre um bowl com filme plástico e disponha as fatias de panetone ao seu redor. Preencha com o sorvete e cubra com o restante das fatias de panetone. Leve ao freezer por 1 hora. Retire e desenforme. Cubra com a cobertura de sua preferência. Gosto de usar o marshmallow que já ensinei na receita do Merengue de Fruta-do-Conde.

**ANA MARIA BROGUI**

**Outro programa de vídeo que participei no YouTube** foi o "Ana Maria Brogui", do Caio Novaes (@brogui), onde fui fazer a receita do Gnocchi Zena. Além da receita em si, dei dicas boas para se fazer um bom gnocchi, como você começar a cozinhar as batatas com a água ainda fria, já que a cocção será mais uniforme, descascá-la ainda quente, pois assim ela perderá mais água com o vapor e, consequentemente, levará menos farinha (Já disse isso aqui? Bom não custa repetir) e o sabor de batata ficará beeeeem melhor.

Como sempre acontece, houve umas presepadas. Estava dando as dicas e falei para o Caio descascar as batatas. Ele foi. Só se esqueceu de pegar um pano e meteu a mão na batata quente. O resultado é que ele passou mais da metade do vídeo com a mão enfaixada com gaze. Queimou a mão e o filme dele. Mas acho que o pessoal gostou, já que até hoje recebo fotos no Instagram de fãs que fizeram o prato em casa.

Também aproveitei e fiz minha propaganda, já que estava concorrendo ao prêmio Paladar, do jornal O *Estado de S. Paulo*, que ia eleger o melhor gnocchi de São Paulo com votos do júri popular pela internet. "Vota no 57", esse era meu número da sorte.

## PREMIAÇÃO

**Pois bem, dentre os 58 concorrentes,** o Gnocchi Zena foi eleito pelo público como o melhor de São Paulo, com nada menos que 58,8% de milhares de votos, e recebeu o prêmio Paladar de 2013.

Como se não bastasse, fui eleito o Chef do Ano em pesquisa feita pelo site do Guia da *Folha de S. Paulo*. E, para arrebatar de vez, o Per Paolo ganhou na categoria o Melhor Restaurante Novo de São Paulo.

Mais do que os prêmios em si e o bando de malucos que conheci, o que vale é o reconhecimento do nosso trabalho, ainda mais em categorias assim, nas quais o público é que vota. Cada clique, cada curtida, cada like, cada retuitada vale muito a pena, faz você realmente sentir que está fazendo a coisa certa. Obrigado, obrigado mesmo, a todos!

## A CONTA, POR FAVOR!

**Bom, é isso. Este é um pequeno resumo da minha vida**, de alguém que um dia resolveu mudar de vida radicalmente. Hoje, posso ser considerado chef, administrador, empresário, apresentador de tevê... Mas, na verdade, sou apenas um cara que demorou, mas descobriu o que queria fazer da vida e foi atrás: hoje, eu sou um cozinheiro.

Que nunca tomou ritalina.

*iChef* foi composto nas fontes TheSans e Electra LT
para a Pioneira Editorial Ltda., em abril de 2014.